航母战斗群作战指南

《深度军事》编委会 编著

清华大学出版社
北京

内 容 简 介

本书是介绍航空母舰战斗群的科普图书，书中不仅详细讲述了航空母舰战斗群的发展历程、作战任务和编配形式，还深入讲解了航空母舰的分类、构造、舰载机和人员等知识。同时，本书还针对航空母舰战斗群的几大主要作战形式——对陆攻击、反潜作战、防空作战、反舰作战，进行了全面和专业的介绍。另外，对航空母舰战斗群的作战保障和后勤保障也有所涉及。

本书内容结构严谨，分析讲解透彻，图片精美丰富，适合广大军事爱好者阅读和收藏，也可以作为青少年的科普读物。

本书封面贴有清华大学出版社防伪标签，无标签者不得销售。
版权所有，侵权必究。 举报：010-62782989，beiqinquan@tup.tsinghua.edu.cn。

图书在版编目(CIP)数据

航母战斗群作战指南/《深度军事》编委会编著. —北京：清华大学出版社，2018（2024.1 重印）
（现代军事作战宝典系列丛书）
ISBN 978-7-302-50960-8

Ⅰ.①航… Ⅱ.①深… Ⅲ.①航空母舰—世界—指南 Ⅳ.① E925.671-62

中国版本图书馆 CIP 数据核字（2018）第 191100 号

责任编辑： 李玉萍
封面设计： 郑国强
责任校对： 张彦彬
责任印制： 丛怀宇

出版发行： 清华大学出版社
     网　　址：https://www.tup.com.cn，https://www.wqxuetang.com
     地　　址：北京清华大学学研大厦 A 座　　邮　　编：100084
     社 总 机：010-83470000　　　　　　　　邮　　购：010-62786544
     投稿与读者服务：010-62776969，c-service@tup.tsinghua.edu.cn
     质 量 反 馈：010-62772015，zhiliang@tup.tsinghua.edu.cn
印 装 者： 小森印刷（北京）有限公司
经　　销： 全国新华书店
开　　本： 146mm×210mm　　　　**印　　张：** 10.125
版　　次： 2018 年 9 月第 1 版　　**印　　次：** 2024 年 1 月第 6 次印刷
定　　价： 49.80 元

产品编号：071020-01

前言

"当'危机'这个词在华盛顿出现的时候,无疑每个人要说的第一句话就是最近的航空母舰在什么地方?"这是美国前总统克林顿在1993年说出的一句"经典"名言,充分证明了航空母舰在美国人心目中的重要地位、作用及对其依赖程度。时至今日,每当有人想要说明航空母舰重要性的时候,这句话仍会被引用。

克林顿的话当然不是空穴来风,航空母舰是目前最大的武器系统平台,是现代蓝水海军不可或缺的武器,也是海战最重要的作战舰艇之一。航空母舰起源于一战,当时海军用飞机来进行侦察与攻击敌军侦察机,因此出现了专门供水上飞机整备与其他双翼机起飞的水上飞机母舰。不过,在二战以前,处于早期发展阶段的航空母舰在战争中发挥的作用并不大。到了二战时期,航空母舰被广泛运用,尤其是在太平洋战争战场上起了决定性作用。从日本航空母舰偷袭珍珠港,到双方舰队自始至终没有见面的珊瑚海海战,再到运用航空母舰编队进行海上决战的中途岛海战,航空母舰逐步取代战列舰成为现代远洋舰队的主干。

二战后,人类没有再发生大规模世界性战争,但局部战争和军事冲突时有发生。这一时期,拥有大量航空母舰战斗群并经常将其投入实战的只有美国。据统计,自1964年以来,美国在世界各地以武力进行干预的突发事件达200多起,其中运用海军兵力的就占了2/3以上,而其中大部分行动都有航空母舰战斗群的参与。时至今日,美国、英国、法国、俄罗斯、印度等国仍在大力发展航空母舰,并不断探索航空母舰战斗群的运用形式。

本书是介绍航空母舰战斗群的军事科普图书，书中不仅详细讲述了航空母舰战斗群的发展历程、作战任务和编配形式，还深入讲解了航空母舰的分类、构造、舰载机和人员等知识。与此同时，本书还针对航空母舰战斗群的几大主要作战形式——对陆攻击、反潜作战、防空作战、反舰作战，进行了全面和专业的介绍。另外，对航空母舰战斗群的作战保障和后勤保障也有所涉及。通过阅读本书，读者可以全面了解航空母舰战斗群。

本书紧扣军事专业知识，不仅带领读者熟悉航空母舰构造，而且可以了解航空母舰的作战形式，特别适合作为广大军事爱好者的参考资料和青少年朋友的入门读物。全书共分为7章，涉及内容全面合理，并配有丰富而精美的图片。

本书是真正面向军事爱好者的基础图书。全书由资深军事团队编写，力求内容的全面性、趣味性和观赏性。全书内容丰富、结构合理，关于武器的相关参数还参考了制造商官方网站的公开数据，以及国外的权威军事文档。

本书由《深度军事》编委会创作，参与本书编写的人员有阳晓瑜、陈利华、高丽秋、龚川、何海涛、贺强、胡姝婷、黄启华、黎安芝、黎琪、黎绍文、卢刚、罗于华等。对于广大资深军事爱好者，以及有兴趣了解国防军事知识的青少年，本书不失为最有价值的科普读物之一。希望读者朋友们能够通过阅读本系列图书，循序渐进地提高自己的军事素养。

目 录

第 1 章　航空母舰战斗群概述 ………………………… 1

1.1　航空母舰战斗群的定义和特点 …………………… 2
1.2　航空母舰和航空母舰战斗群的发展历程 ………… 5
　　1.2.1　启蒙与摸索 ………………………………… 5
　　1.2.2　蓬勃发展 …………………………………… 8
　　1.2.3　超级航空母舰与轻型航空母舰 ………… 12
　　1.2.4　新的征程 ………………………………… 16
1.3　航空母舰战斗群的作战任务 …………………… 19
1.4　航空母舰战斗群的编配形式 …………………… 21

第 2 章　航空母舰战斗群的核心 ……………………… 25

2.1　航空母舰的定义和分类 ………………………… 26
　　2.1.1　航空母舰的定义 ………………………… 26
　　2.1.2　航空母舰的分类 ………………………… 27
2.2　航空母舰的构造 ………………………………… 30
　　2.2.1　主舰体 …………………………………… 30
　　2.2.2　上层建筑 ………………………………… 33
　　2.2.3　甲板层 …………………………………… 35
　　2.2.4　机库 ……………………………………… 41
　　2.2.5　武器库 …………………………………… 43
　　2.2.6　升降机 …………………………………… 43
　　2.2.7　起飞装置 ………………………………… 45
　　2.2.8　降落装置 ………………………………… 52

	2.2.9 动力系统	57
	2.2.10 舰载武器	62
2.3	航空母舰的舰载机	64
	2.3.1 舰载机与陆基飞机的区别	64
	2.3.2 舰载机的种类	67
	2.3.3 舰载机的停放	71
2.4	航空母舰的人员	72
	2.4.1 编制人数	72
	2.4.2 重要人员	74
2.5	世界现役和在建航空母舰	86

第3章 对陆攻击指南 89

3.1 对陆攻击概述 90
3.1.1 对陆攻击的优势 90
3.1.2 对陆攻击的目标 95

3.2 对陆攻击的战术 100
3.2.1 阵位选择 100
3.2.2 分工协作 103
3.2.3 情报支持 108
3.2.4 先封后打 110

3.3 对陆攻击的武器 113
3.3.1 舰载机 114
3.3.2 巡航导弹 122
3.3.3 舰炮 125

3.4 对陆攻击的弱点 128

第4章 反潜作战指南 131

4.1 反潜作战概述 132
4.1.1 航空母舰与潜艇的对抗历史 132
4.1.2 美国海军的网络反潜 145

4.2 反潜作战的兵力配置 148
    4.2.1 美国海军 148
    4.2.2 俄罗斯海军 151

4.3 反潜搜索 153
    4.3.1 搜索装备 153
    4.3.2 搜索过程 162

4.4 攻潜行动 167
    4.4.1 攻潜过程 167
    4.4.2 攻潜平台 169
    4.4.3 攻潜武器 173

第 5 章 防空作战指南 185

5.1 防空作战概述 186
    5.1.1 防空作战的历史 186
    5.1.2 反舰导弹的威胁 189
    5.1.3 防空作战的特点 195

5.2 防空作战的兵力配置 201
    5.2.1 防空区域的划分 201
    5.2.2 防空兵力的配置 207

5.3 防空作战的步骤 212
    5.3.1 早期预警 212
    5.3.2 跟踪识别 214
    5.3.3 拦截交战 216

5.4 防空作战的武器 219
    5.4.1 舰对空导弹 219
    5.4.2 近程防御武器系统 224
    5.4.3 箔条干扰弹 231

第 6 章 反舰作战指南 233

6.1 反舰作战概述 234

  6.1.1 反舰作战的优势 234
  6.1.2 信息时代的反舰作战 239
 6.2 反舰作战的兵力配置 243
  6.2.1 作战海域的划分 243
  6.2.2 兵力武器的选择 245
 6.3 反舰作战的步骤 247
 6.4 反舰作战的武器 251
  6.4.1 攻击样式 251
  6.4.2 主要武器 258
 6.5 反舰作战的难点 261
  6.5.1 隐身导弹艇的威胁 261
  6.5.2 复杂电磁环境的影响 263

第7章 作战和后勤保障指南 267

 7.1 作战保障 268
  7.1.1 情报信息保障 268
  7.1.2 通信联络保障 272
  7.1.3 侦察引导保障 274
  7.1.4 电子信息对抗 278
  7.1.5 精确定位导航 279
  7.1.6 气象水文保障 281
  7.1.7 核生化武器防护 285
 7.2 后勤保障 287
  7.2.1 经费保障 287
  7.2.2 后勤保障的方式 296
  7.2.3 弹药补给 299
  7.2.4 油料供应和补给 301
  7.2.5 生活保障 307
  7.2.6 维修保养 310

第 1 章
航空母舰战斗群概述

　　航空母舰战斗群是空中、水面和水下作战力量高度联合的海空一体化机动作战部队，具有灵活机动、综合作战能力强、威慑效果好等特点。本章主要介绍航空母舰战斗群的定义、特点、弱点、发展历史、作战任务、主要构成等。

1.1 航空母舰战斗群的定义和特点

航空母舰战斗群（Carrier Battle Group，CVBG）是以航空母舰为核心，包括各类型防空、反潜水面舰艇、攻击型核潜艇、综合补给舰，可执行反舰、反潜、防空、对陆攻击及各种综合性作战任务，系统集成、攻防一体的大型舰艇编队。航空母舰战斗群是空中、水面和水下作战力量高度联合的海空一体化机动作战部队，具有灵活机动、综合作战能力强、威慑效果好等特点，可以在远离军事基地的广阔海洋上实施全天候、大范围、高强度的连续作战。

航空母舰战斗群的强大综合作战能力主要体现在六个方面，即对岸打击作战能力、对海作战能力、制空作战能力、信息作战能力、战役机动能力和综合防护能力。

☞ 对岸打击作战能力

冷战结束后，由于国际形势的变化，各国航空母舰战斗群的作战任务发生了很大变化，对岸打击逐渐成为航空母舰战斗群的主要任务，而这一任务主要由舰载航空兵和巡航导弹担负。

☞ 对海作战能力

对海作战是航空母舰战斗群的传统作战任务，主要包括反舰作战和反潜作战，其目的是夺取和保持制海权，具体作战行动包括封锁作战海区、攻击敌方水面舰艇和运输舰船等。其中，攻击敌水面舰船和潜艇是航空母舰战斗群对海作战的主要作战行动，通常由舰载航空兵和反舰导弹在距航空母舰200～500海里范围内实施突击，应严防敌方水面舰艇和潜艇接近航空母舰200海里以内。

☞ 制空作战能力

制空作战能力主要包括警戒能力和对空防御能力。夺取局部区域或海域

第1章 航空母舰战斗群概述

的制空权是航空母舰战斗群执行海空封锁任务的基本方式，也是航空母舰战斗群在远离本国海域执行作战任务必须具备的能力。

信息作战能力

信息作战是航空母舰战斗群借助侦察监视卫星、电子侦察卫星、空中预警机、侦察巡逻机、电子侦察机、舰载雷达系统、水声探测系统等电子侦察装备，探测、确定、削弱和破坏敌方电磁频谱的使用，并保护己方对电磁频谱有效使用的作战行动。信息作战贯穿于防空、反舰、反潜、对岸打击等作战活动的全过程，因此受到各国海军的高度重视。通过指挥信息系统高效的指挥控制，航空母舰战斗群可以在广阔的海域共享情报资源，协调作战行动，实施攻防作战。

> 🔊 TIPS：
> 电磁频谱是指按电磁波波长（或频率）连续排列的电磁波组。在军事上，电磁频谱既是传递信息的一种载体，又是侦察敌情的重要手段，因此成为交战双方争夺的制高点之一。

战役机动能力

航空母舰战斗群具有良好的战役机动能力，可以利用广阔的大洋空间自由航行。因此，一旦危机爆发，担负战备的航空母舰战斗群可迅速以最高航速（30～33节）向危机地区接近。

综合防护能力

航空母舰战斗群的目标庞大，行动隐蔽性差，同时又是高价值目标，也是敌方重点关注的重要目标。要保证自身安全，必须具备很强的综合防护能力。航空母舰战斗群在有敌情威胁的海域活动时，通常配置成大纵深、全方位、立体的严密防御队形，时刻防备着敌方威胁。

> 🔊 TIPS：
> 美国海军"尼米兹"级航空母舰编队的防御体系包括三层。第一层：外防区，又称纵深防区，距航空母舰185～400千米；第二层：中防区，或称区域防御区，一般距航空母舰45～185千米；第三层：内防区，或称为点防御区，防御纵深距航空母舰0.1～45千米。

航母战斗群作战指南

正因为航空母舰战斗群的综合防护能力强,具有很强的战役机动能力,能独立夺取局部区域或海域的制空权、制海权和制电磁权,并具有同时对多个目标实施远程精确打击的能力,所以被视为和平时期应对局部战争、武装冲突和投送兵力的关键力量。美国航空母舰战斗群几乎参加了近年来所有的局部战争,在海湾战争、科索沃战争、阿富汗战争和伊拉克战争中,美国航空母舰战斗群无不是作为急先锋部署到战区前沿。

虽然航空母舰战斗群的综合作战能力极强,但并非无懈可击。第一,航空母舰战斗群的阵容庞大,电磁、红外、声场、热场等诸项物理特征明显,容易遭到敌方导弹、鱼雷和潜艇的攻击。第二,航空母舰战斗群的作战能力会随着环境因素的变化而变化,如航空母舰战斗群在地形复杂、岛礁众多的近岸海域活动时,机动能力下降,不利于反潜作战;第三,航空母舰战斗群燃油、弹药、弹射器等物资消耗量大,在进行海上补给时防御能力明显降低,这就为敌方对其实施打击创造了条件。此外,卫星定位、水雷封锁、远程突袭和电子对抗等,也都是对付航空母舰战斗群的有效方法。

美国海军"华盛顿"号航空母舰战斗群

美国海军"里根"号航空母舰战斗群

第 1 章　航空母舰战斗群概述

美国海军"罗斯福"号航空母舰战斗群

1.2 航空母舰和航空母舰战斗群的发展历程

1.2.1 启蒙与摸索

　　航空母舰是飞机与军舰结合的产物，而航空母舰的历史与飞机的历史几乎相同。在美国莱特兄弟于 1903 年发明飞机后短短 7 年，法国人亨利·法布尔（Henri Fabre）就制造出了世界上第一种水上飞机，令飞机的起降范围自陆地延伸至海上。1910 年 11 月 14 日，美国飞行员尤金·伊利于停泊在港内的"伯明翰"号轻型巡洋舰的木质甲板上驾驶寇蒂斯 D 型（Curtiss Model D）双翼机，成功离舰起飞，并降落到"宾夕法尼亚"号巡洋舰上，创下人类首次于军舰上起降飞机的纪录。

亨利·法布尔制造的水上飞机

当时，一些颇有远见的人士开始以各种方式促使军方建立海军航空兵，美国人格伦·寇蒂斯（Glenn Curtiss）甚至进行了一场公开试验，亲自驾驶飞机投掷武器攻击港内停泊的靶船。然而，当时各国海军仍在进行建造"无畏舰"的军备竞赛，建设海军航空兵仍算是非常前卫的思想，所以并没有得到重视。

正在驾驶飞机的尤金·伊利

正在驾驶飞机的格伦·寇蒂斯

尽管如此，水上飞机的发明仍然受到各国海军的瞩目。英国建造了第一种专门整备水上飞机的舰船——"竞技神"号水上飞机母舰，并在1912年5月成立了世界上第一支海军航空兵，日本、意大利、德国、俄国也随之跟进发展水上飞机母舰。水上飞机为航空母舰的滥觞，在其诞生后不久，一战便轰然爆发。英国是唯一将其用于海上作战的国家，并在传统大规模战列舰决战的日德兰海战后，提出水上侦察机有助于战局发展的意见，并要搭配保护它的战斗机。因此，没有飞行甲板、无法供战斗机起飞的水上飞机母舰已无法满足作战需求，必须重新设计另一种新军舰，这便是后来的航空母舰。

第1章 航空母舰战斗群概述

英国建造的"竞技神"号水上飞机母舰

1917年,时任英国海军总司令戴维·贝蒂下令将"暴怒"号巡洋舰("勇敢"级)加装大型飞行甲板、改装成航空母舰,并做了一系列试验。"暴怒"号的外形犹如巡洋舰与航空母舰的结合体(类似原始的航空巡洋舰),前方有多座舰炮炮塔,后方则是长直的甲板,舰载机起飞没有问题,但降落时会受到上层建筑气流影响而十分危险。为了解决这个问题,原先另一艘要建造为航空母舰的远洋邮轮"罗索伯爵"号被下令改装去除掉所有上层建筑,变成全通式甲板,而后被命名为"百眼巨人"号。

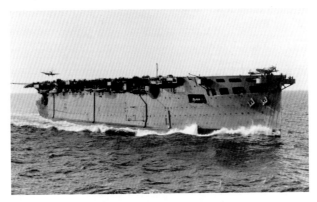

英国海军"百眼巨人"号航空母舰

1923年,英国建造了"竞技神"号航空母舰,其为英国第一艘专门设计建造的航空母舰,拥有许多现代航空母舰的特点:全通式甲板、封闭式舰首以及位于右舷的岛式上层建筑。在此时期,日本和美国也拥有了航空母舰,前者的第一艘航空母舰——"凤翔"号，是世界上最先服役的专门设计建造的航空母舰（因"竞技神"号的工程进度缓慢，导致较晚开工建造的"凤翔"号较早下水完成）；后者的第一艘航空母舰则是由"朱比特"号运煤船改装而成，被命名为"兰利"号，同样拥有全通式甲板。美国海军在"兰利"号上采用了许多新技术，如弹射器、降落指挥官制度、拦阻网等。

日本"凤翔"号航空母舰

美国"兰利"号航空母舰

各国摸索出航空母舰的基本形式后，于1936年《华盛顿海军条约》期满失效之际，海军列强又展开了新一轮军备竞赛，英国、美国、日本三国接连建造了一系列主力航空母舰——舰队航空母舰。在舰载机技术上，日本与美国发展较快，反而英国因为军种恶性竞争（海军航空兵的飞机与飞行员皆由英国空军所提供）而发展迟缓。意大利、苏联受限于海军思想的不同而没有发展航空母舰，前者凭借其地中海位置的优势而认为没有必要特意建造海上的移动机场，后者则因为其内战结束不久、海军力量不强而将其作战范围设限于近海。法国因海军航空兵发展迟缓，仍以战列舰和巡洋舰为海军主力，仅尝试将"贝阿恩"号战列舰改装为航空母舰。

1.2.2 蓬勃发展

二战以前，航空母舰的海上霸主地位尚未完全确立，对航空母舰的作战运用也存在较大争议，加之受到舰艇性能和通信技术的限制，没有出现较为成型的航空母舰战斗群。二战时期，航空母舰技术与战术理论飞速发展，为了有效保护航空母舰自身安全，充分发挥航空母舰的作战效能，世界主要海军强国均组建了自己的航空母舰战斗群，并在作战中广泛运用。

第1章 航空母舰战斗群概述

在战争期间,航空母舰战斗群的基本形式——航空母舰特混舰队通常由航空母舰、舰载机、大中型水面舰艇组成,承担登陆作战任务的航空母舰特混舰队,还编配有登陆舰和运输舰。受潜艇航速和对潜通信技术所限,潜艇较少编入特混舰队,即便有也只是极少量承担引导警戒作用的潜艇,潜艇尚不能作为航空母舰特混舰队的基本编成力量。

在欧洲国家中,德国、法国、意大利和英国均试图建造和操作航空母舰,但只有英国拥有较大规模的航空母舰舰队与实际战果。1935年,希特勒宣布德国将会兴建航空母舰以增强德国海军的实力,隔年2艘航空母舰的龙骨在造船厂安置。在1938年公开的造舰计划中,德国海军预计在1945年以前兴建4艘航空母舰,但是1939年时将数量减为2艘。1939年9月,二战爆发,德国迅速打败了波兰与法国,但是战争开始之后资源需求庞大,而德国在战前就已经面临资源缺乏的状况,致使德国海军的航空母舰计划被迫推延。面对久战不下的英国,德国转而采用潜艇攻击英国海上贸易线,以封锁其战争物资的供应。战争初期英国商船队损失惨重,在意大利参战后,英军航空母舰兵力也随之分散到地中海与大西洋。

经过几度挫折后,英国海军的航空母舰逐渐凸显其作用,在1940年11月突袭意大利塔兰托港、1941年5月围攻德国战列舰"俾斯麦"号和1942年8月援救马耳他岛的"基座行动"中均有杰出的表现。尤其是在塔兰托的作战中,英国海军凭借20多架鱼雷机突袭,即获得3艘意大利战列舰丧失作战能力的巨大战果。

围攻德国"俾斯麦"号战列舰的主力——英国"皇家方舟"号航空母舰及其舰载机

航母战斗群作战指南

在欧洲战场，由于仅有英国海军拥有强大的航空母舰兵力，故航空母舰涉入的海战主要是德意两国的岸基飞机与其交手。到战争中期，英美两国建造了大量成本低廉的"护航航空母舰"以及"商船航空母舰"，这些航空母舰搭载少量飞机便可威胁德军潜艇，最终令盟军于大西洋的潜艇战中获得了胜利。战争期间，法国的"贝阿恩"号航空母舰一直处于半封存状态，1944年美国将其改装为运输舰，完成之后交给法国使用。

与欧洲战场相比，地球另一边的太平洋战场爆发了更为激烈的海空大战，交手的美国与日本都拥有强大的航空母舰舰队。1941年，日本决定与英、美、荷三国开战。鉴于塔兰托的例子，日本策划了偷袭美国珍珠港的行动，这是首次大规模集中使用航空母舰武力的作战。该行动于1941年12月7日实施，日本共派出6艘航空母舰和353架舰载机。由于珍珠港内并未停泊美国航空母舰，日本虽然达成牵制美国太平洋舰队的目标，但是未能重创其海军航空兵。从某种程度上来说，珍珠港事件终结了各国海军一度崇尚的大舰巨炮主义，使航空母舰取代战列舰成为海战中决定胜负的关键。

在1942年年初的日军接连攻势中，航空母舰与飞机展现了强大的对舰攻击能力。在马来亚海战中，英国2艘战列舰与巡洋舰在缺乏空中武力保护的情况下出航，立刻被日军88架陆基飞机击沉，后者仅损失6架飞机；在印度洋空袭行动中，日军再度集中航空母舰对英军驻于锡兰港内的舰队施以空袭，将英国海军战力暂时性地自太平洋驱逐。不久，美军凭借航空母舰逐渐扭转了日美两国的海军情势。1942年5月，发生了首次航空母舰间的战斗——珊瑚海海战，双方的舰船皆在彼此舰员视距外，全凭舰载机进行攻击与防御。同年6月，中途岛海战爆发，这是航空母舰战斗群之间首次进行大规模会战。由于日本航空母舰当时正在进行弹药挂载作业，同时损害管制能力不足，因此大部分参战的日本航空母舰都被美军轰炸机击沉。此后，日本在太平洋发动攻势的能力大为减弱。

日本"瑞鹤"号航空母舰的舰员正在甲板上维护飞机（1942年5月5日）

第 1 章 航空母舰战斗群概述

美国海军"约克城"号航空母舰在珍珠港的干船坞抢修（1942 年 5 月 28 日）

1942 年 8 月，日本又在南太平洋损失大量海军飞行员，而美国则有一批新式航空母舰下水服役、大量训练有素的飞行员进入前线。此消彼长之下，太平洋战场的结果已经毫无悬念。1944 年 6 月与 10 月的菲律宾海海战、莱特湾海战将日本航空母舰与飞行员消耗殆尽，除了自杀式飞机外，日本已无力阻挡美国海军向其本土进逼。

美国海军"富兰克林"号航空母舰遭重创（1945 年 3 月 19 日）

美国海军"邦克山"号航空母舰被日本自杀式飞机击中后燃烧（1945年5月11日）

1.2.3 | 超级航空母舰与轻型航空母舰

二战结束后，航空母舰的存在价值遭到质疑，其地位一度降到了最低点。当时，美国拥有世界上规模最大的航空母舰部队，相关科技与使用经验也最为丰富。然而，轴心国战败与核武器的出现促使美国将大量航空母舰封存，其中不乏新造航空母舰。美国及其他一些国家认为，战争将决胜于空军轰炸机投掷的核武器，花费大量成本所建立的航空母舰部队将会瞬间被消灭。

除了核武器外，喷气式飞机开始普及，令舰载机体积与重量大幅增加，因此美国开始着手设计巨型航空母舰，成为日后"超级航空母舰"的前身。美国海军计划运用巨型航空母舰上的舰载轰炸机来投射核武器，最终研制出了"美国"号航空母舰，然而这一方案遭到了新成立的美国空军的极力反对，"美国"号航空母舰项目随之流产。

在20世纪50年代初爆发的局部战争中，美国有大量喷气式舰载机以航空母舰为基地投入战争，令航空母舰的重要性又受到了重新的评价，也让直升机有了新的发挥空间。这一时期，英国研制出诸多航空母舰设计新技术——光学辅助降落装置、蒸汽弹射器与斜角飞行甲板，成为日后大型航空母舰的

第 1 章　航空母舰战斗群概述

典范，美国海军也结合上述技术特征建造了"福莱斯特"级航空母舰。此外，随着"鹦鹉螺"号核潜艇的试验成功，美国海军也开始在航空母舰上使用核动力，第一艘核动力航空母舰"企业"号于 1960 年下水服役。但由于成本高昂，美国海军终止了后续的核动力航空母舰建造计划，转而继续建造"小鹰"级常规动力航空母舰。

美国海军"福莱斯特"级航空母舰（"独立"号）

美国海军"企业"号航空母舰

美国海军"小鹰"级航空母舰（"美利坚"号）

随着核技术的进步,核动力舰艇的建造成本逐年下降。经过慎重考虑后,美国自 1975 年起开始建造新设计的"尼米兹"级核动力航空母舰,以替换大量旧式航空母舰。随后 30 年,各艘"尼米兹"级航空母舰接连完工服役。尽管每艘"尼米兹"级航空母舰与前一艘相比都有所改进,但基本设计始终不变。在此期间,由于核潜艇的出现解决了潜艇加入航空母舰战斗群的速度和续航能力问题,同时对潜通信技术也有了较大进步,因此攻击型核潜艇加入了航空母舰战斗群,与航空母舰、水面舰艇等共同成为航空母舰战斗群的基本编成力量。

与风光无限的美国相比,英国和法国在航空母舰建造和操作方面就显得有些窘迫了。在经历二战和殖民地纷纷独立之后,英国国力大减,不得不将航空母舰大量卖给其他国家,这些旧式航空母舰大多是二战期间赶工建造,其设计到了 20 世纪 50 年代早已无法应付喷气式舰载机的需求,很快就从其他国家退役。由于国防预算不断缩减,英国甚至一度想完全放弃建造航空母舰,仅仅因为苏联潜艇威胁与护航所需而建造了 3 艘"无敌"级轻型航空母舰。

高速航行的英国"无敌"级航空母舰

"无敌"级航空母舰采用新式的"滑跳"甲板技术,并搭载垂直/短程起降战斗机与直升机作为主要战力。在 1982 年的马岛战争中,尽管"无敌"级航空母舰因为没有搭载预警机而造成英军船舰的损失,但还是证明了其存在价值。"无敌"级航空母舰深深影响了其他资源与财力不足的国家的航空

第 1 章　航空母舰战斗群概述

母舰设计，意大利、西班牙、泰国等国也建造了类似的轻型航空母舰。这些轻型航空母舰都设有"滑跳"甲板，也将直升机和垂直/短程起降机作为舰载机。法国则先从英国与美国租借轻型航空母舰，而后于20世纪50年代研制了"克莱蒙梭"级中型航空母舰，在其服役30多年后又建造了核动力航空母舰"戴高乐"号。

港口中的法国"戴高乐"号航空母舰

至于美国在冷战时期的主要竞争对手——苏联，其航空母舰发展之路较为复杂。苏联领导人执着于导弹与核武器，对航空母舰抱持鄙夷态度并抵制其发展，一直到美军将核打击任务交付潜艇后，才开始发展搭载反潜直升机的军舰。到了1964年古巴导弹危机后，苏联领导人才真正意识到航空母舰的价值，并着手建造了"基辅"级航空母舰。"基辅"级航空母舰除了搭载舰载战斗机与反潜直升机外，本身还有强大的对空、对潜、对舰武装，但与西方国家的航空母舰相比，也只能算是拥有大量导弹武器的轻型航空母舰。直到1991年，苏联才建成了较为常规的航空母舰，即"库兹涅佐夫"号，该航空母舰采用大型"滑跳"甲板，仍保有许多导弹武器，这与西方设计思维有所不同。

冷战期间，航空母舰在各个战场均很活跃，包括第二次中东战争、黎巴嫩内战、英阿马岛战争、海湾战争等，皆展现了其强大的远洋作战能力。海湾战争期间，美国海军6个航空母舰战斗群共发射288枚"战斧"巡航导弹，出动7776架次舰载机，对伊军陆上目标进行了空中打击。

> **TIPS:**
> 据统计，自 1964 年以来，美国在世界各地以武力进行干预的突发事件达 200 多起，其中运用海军兵力的就占 2/3 以上。在这些军事行动中，几乎都有航空母舰战斗群参加。

1.2.4 新的征程

冷战结束后，世界上拥有航空母舰的国家分成自主建造和购入两类，前者包括美国、英国、法国、西班牙、意大利、俄罗斯等，后者包括巴西、印度、泰国等。目前，世界上航空母舰兵力绝大多数隶属于美国海军，该国所拥有的航空母舰已全部核动力化，分为 10 个航空母舰战斗群，部署于世界各地区。与此同时，美国还在建造新一代核动力航空母舰——"福特"级，首舰"福特"号于 2017 年内正式服役。巴西是南美洲唯一拥有航空母舰的国家，目前拥有 1 艘"圣保罗"号航空母舰，其前身为法国海军"福煦"号（"克莱蒙梭"级）。

美国海军"福特"号航空母舰下水测试

航行中的巴西"圣保罗"号航空母舰

英国于二战后将大部分航空母舰转卖至他国手中，包括荷兰、澳大利亚、阿根廷、印度、加拿大等国都曾短期拥有过英式旧型航空母舰，彼此间又相互转卖或拆解，只有少部分保留于各国至今继续服役以及现代化。目前，英国正在建造类似于美国"尼米兹"级、拥有斜向飞行甲板的"伊丽莎白女王"级常规动力航空母舰。

类似情况还有法国，其目前拥有全欧洲唯一的核动力航空母舰"戴高乐"号，并采用蒸汽弹射技术，其舰体构造最接近美国航空母舰。法国因为欧洲

第 1 章　航空母舰战斗群概述

金融风暴和与英国的军事合作等诸多问题，新航空母舰的工期不断地被延长，最终于 2013 年的国防白皮书中宣布放弃。

俄罗斯方面，尽管继承了苏联过去庞大的军事力量，表面上仍为世界海军强国，但已无力维持以往 5 艘航空母舰的能力，"基辅"级航空母舰相继被卖到废铁厂或印度，原先的"乌里扬诺夫斯克"号新型航空母舰也跟着夭折，仅留有 1 艘"库兹涅佐夫"号航空母舰。2008 年 7 月，俄罗斯海军总司令弗拉基米尔·维索茨基曾宣布俄罗斯将会在 2012 年至 2013 年期间开始建造新式核动力航空母舰，并将组成 5～6 个航空母舰战斗群。目前，俄罗斯已对外公布计划中的新式航空母舰为"施托姆"级。

除英国、法国和俄罗斯外，欧洲的西班牙与意大利也是极少数有能力自主建造航空母舰的国家，前者在冷战期间建造的"阿斯图里亚斯亲王"号航空母舰已于 2013 年正式退役，后者则有"加里波底"号与"加富尔"号 2 艘航空母舰。

西班牙"阿斯图里亚斯亲王"号航空母舰　　意大利"加富尔"号航空母舰参加军事演习

亚洲拥有航空母舰的国家较少，仅有印度与泰国等。印度除了现役的老旧英式航空母舰"维拉特"号外，还购买了俄罗斯的"戈尔什科夫"号进行现代化改装，同时还计划建造 2 艘新型航空母舰"维克兰特"级，试图组成 3 个现代化的航空母舰战斗群。泰国则拥有冷战时向西班牙购买的"查克里·纳吕贝特"号航空母舰，是东南亚地区唯一拥有航空母舰的国家，但从维护与训练情况来看，其宣示作用远大于实际战斗能力。值得一提的是，虽然日本在二战战败后被禁止拥有攻击性舰船，但该国仍野心勃勃地建造了"出云"级直升机驱逐舰。这是日本海上自卫队有史以来建造的最大的作战舰艇，拥有右舷舰岛、全通式飞行甲板等类航空母舰布局，其飞行甲板尺寸甚至超过了欧洲国家的一些轻型航空母舰。

泰国"查克里·纳吕贝特"号航空母舰

日本"出云"级直升机驱逐舰

总体来看，虽然世界上有能力建造航空母舰并组建航空母舰战斗群的国家并不多，但航空母舰战斗群仍将在人类军事史上抒写新的辉煌。就目前来看，航空母舰战斗群具有几个明显的发展特征：一是航空母舰平台大型化，未来可能出现新概念航空母舰平台。二是舰载机更新换代，无人机将占据航空母舰一席之地。美国海军已计划在"福特"级航空母舰上搭载无人机。三是护航舰艇性能提升，航空母舰战斗群的作战能力更趋于综合一体。

测试中的美国海军新一代舰载机——F-35C 战斗机

海试中的美国海军"福特"号航空母舰

第 1 章 航空母舰战斗群概述

1.3 航空母舰战斗群的作战任务

航空母舰战斗群可以执行多种多样的作战任务，如实施封锁、保护海上运输航道、支援两栖登陆作战、协同陆基飞机维持制空权、进行大规模海空正面对战等。概括起来，航空母舰战斗群主要承担以下三类基本作战任务。

军事威慑

在危机发生后的第一时间里，具有快速机动部署能力的航空母舰战斗群便能立即做出反应，通过广阔的大洋空间，快速便捷地部署到危机地区前沿。凭借强大的对空、对海和对岸综合作战能力，航空母舰战斗群能有效发挥军事存在、炫耀军事实力的作用，向敌方施压，迫使敌方让步，遏制危机的进一步发展，制止战争的爆发和控制战争升级，争取尽早以有利于己方的方式解决危机。即便航空母舰战斗群没能达到军事威慑目的，也可转入实际军事打击，用武力解决问题。以美军为例，美国海军的航空母舰战斗群一直通过前沿部署和日常执勤，在世界各地巡弋，堪称美国实施军事威慑的主要工具。

海空打击

作为一种进攻性力量，航空母舰战斗群的首要任务就是实施海上进攻作战，消灭敌方来自空中、水面和水下的威胁，歼灭敌方海空有生力量，夺取海上综合控制权（制空权、制海权和制电磁权）。在保护己方海上兵力行动的安全、维护海上交通运输的畅通方面，航空母舰战斗群执行的海空打击任务具有重要意义。

> 🔊 TIPS：
>
> 在英阿马岛战争期间，英国航空母舰战斗群在夺取战场制海权、制空权，实施封锁和支援登陆作战中均发挥了重要作用。英国航空母舰战斗群的核心是"竞技神"号和"无敌"号 2 艘航空母舰，共载有 20 架"海鹞"战机，战争期间共出动 2376 架次，其击落阿根廷飞机 24 架，击沉击伤阿根廷舰船 9 艘。

航母战斗群作战指南

对陆打击

在航空母舰战斗群里，航空母舰自身搭载了能实施对陆攻击的舰载机，而巡洋舰、驱逐舰、护卫舰、潜艇等护航舰艇也配备了能够对陆攻击的巡航导弹，能对敌方陆上重要目标实施"由海向陆"的远程精确打击。在局部战争中敌方实力相对弱小的情况下，对陆攻击是航空母舰战斗群常用的打击方式。具体来说，对陆攻击主要有三种方式：一是"外科手术"式袭击，这是美国在处理小规模、低强度的地区冲突和突发事件中经常采用的作战方式；二是对陆上目标实施大规模的空中打击；三是支援陆上作战和两栖作战。

> **TIPS：**
>
> 在1986年的利比亚战争中，美国海军派遣"珊瑚海"号、"萨拉托加"号、"美国"号3艘航空母舰，34艘其他舰艇，240余架飞机，组成了庞大的航空母舰战斗群。在军事威慑不奏效的情况下，美国海军出动了舰载机对利比亚岸上目标实施军事打击，在15小时内彻底摧毁了利比亚防空导弹阵地和多处重要政治、经济、军事设施，造成150余人伤亡。

美国海军航空母舰战斗群的F-14战斗机参与"沙漠风暴"行动

第 1 章　航空母舰战斗群概述

美国海军航空母舰战斗群与韩国海军进行联合军演

美国海军"尼米兹"级航空母舰搭载的 F/A-18 战斗 / 攻击机

1.4 航空母舰战斗群的编配形式

众所周知，航空母舰在大洋巡弋时，时刻面临着来自空中、水面和水下的威胁。尽管航空母舰自身也拥有部分防御武器，但其整体防御能力十分薄弱，在缺少其他舰艇保护配合的情况下，自身安全受到重大威胁，纵使再强

21

大的进攻作战能力也难以有效发挥。因此，航空母舰出海执行战斗任务时需要包括水面舰艇和水下潜艇在内的其他舰艇提供有力的保护。此外，为支持航空母舰长期海上作战，战斗群还需要编配有大型的综合补给舰，以提供后勤与装备的支援保障。综上，航空母舰只能以战斗群的形式在海上活动。

值得一提的是，航空母舰与其他舰艇之间也并非完全的保护与被保护关系。现代航空母舰战斗群中的编配舰艇，大多都有较强的综合作战能力，虽然各自在战斗群中有一定的任务分工，如侧重防空、侧重反潜等，但在任务需要时，也可与航空母舰协同执行特定的作战任务。

由于作战任务和海军实力的差异，各国航空母舰战斗群的编配形式存在较大差别。即使同一个国家的不同航空母舰战斗群，在编配形式上也不完全相同。二战时期，美国和日本的航空母舰特混舰队颇为典型。日本偷袭珍珠港时，以6艘航空母舰为核心，排成两列纵队，四周配有2艘战列舰、2艘重型巡洋舰，编队外围配有9艘驱逐舰，前方有1艘轻型巡洋舰和2艘潜艇进行引导。而中途岛海战中，美国海军16特混舰队编有2艘航空母舰、6艘巡洋舰、9艘驱逐舰；17特混舰队编有1艘航空母舰、2艘巡洋舰、5艘驱逐舰。

时至今日，随着军事科技的发展和作战理念的变化，航空母舰战斗群的编配形式有了较大变化。以美国海军"尼米兹"级航空母舰战斗群为例，通常编配有1艘"尼米兹"级航空母舰（舰队旗舰，由1个海军少将以先进的作战系统与通信设备指挥）、2艘"提康德罗加"级导弹巡洋舰（作为航空母舰战斗群的护卫中枢，提供防空、反舰、反潜等多种作战能力。舰上另有"战斧"巡航导弹，具有远程打击地面目标的能力）、2~3艘"阿利·伯克"级导弹驱逐舰（协助舰队中的巡洋舰扩展防卫圈的范围，同时用于防空、反潜与反舰作战）、1艘"佩里"级反潜护卫舰（已于2015年从美国海军退役）、2艘"洛杉矶"级攻击型核潜艇（用于支持舰队对水面或水下目标的警戒与作战）和1艘补给舰。"佩里"级护卫舰退役后，美国海军"尼米兹"级航空母舰战斗群的编配形式变为1艘"尼米兹"级航空母舰、1艘"提康德罗加"级巡洋舰和3艘"阿利·伯克"级导弹驱逐舰，同时根据需要编配攻击型核潜艇、两栖攻击舰及补给舰。

第 1 章　航空母舰战斗群概述

美国海军"尼米兹"级航空母舰

美国海军"提康德罗加"级巡洋舰

美国海军"阿利·伯克"级导弹驱逐舰

美国海军"佩里"级护卫舰

美国海军"洛杉矶"级攻击型核潜艇

根据平时或战时以及受威胁程度的不同，美国海军航空母舰战斗群的使用数量也有所不同。进行海外部署、在低等威胁区巡逻或显示力量时，美国海军通常派出 1 个航空母舰战斗群；在中等威胁区实施威慑、制止危机和参加低强度战争时，一般使用 2 个航空母舰战斗群；在高等威胁区参与局部战争或大规模常规战争时，可能投入 3 个或 3 个以上的航空母舰战斗群。此外，为了执行海上演习任务，美国海军可以根据演习的规模派出 1 个或数个航空母舰战斗群。

美国海军"斯坦尼斯"号和"里根"号双航空母舰战斗群

美国海军3个航空母舰战斗群编队航行

俄罗斯海军"库兹涅佐夫"号航空母舰战斗群编配有1艘"基洛夫"级导弹巡洋舰、1艘"光荣"级导弹巡洋舰、1艘"卡拉"级反潜巡洋舰、2艘"现代"级导弹驱逐舰、2艘"无畏"级反潜驱逐舰、2～4艘"克里瓦克"级导弹护卫舰、1艘"奥斯卡"级巡航导弹核潜艇、1～2艘"阿库拉"级攻击型核潜艇、1艘补给舰。

未来的航空母舰战斗群将大致延续当前的航空母舰、水面舰艇、潜艇三位一体的编配形式。可能出现的变化包括新概念航空母舰出现,如美国下一代航空母舰"福特"号已于2017年7月服役;舰载机性能大幅提高,打击效能更强;无人机登上航空母舰,航空母舰战斗群的预警探测、指挥控制、火力打击能力都将有质的飞跃。

俄罗斯"库兹涅佐夫"号航空母舰

西班牙"阿斯图里亚斯亲王"号航空母舰（中）及其护卫舰只

第 2 章

航空母舰战斗群的核心

　　航空母舰是航空母舰战斗群的核心，它是目前世界上最大的武器系统平台，也是现代蓝水海军不可或缺的武器，在战争中发挥着极为重要的作用。本章主要介绍航空母舰的定义、分类、舰体构造、舰载机、人员编制等，并对世界各国现役和在建航空母舰进行盘点。

2.1 航空母舰的定义和分类

2.1.1 航空母舰的定义

航空母舰（Aircraft Carrier）是一种以舰载机为主要武器并作为其海上活动基地的大型水面作战舰艇，常简称为航空母舰。广义上的航空母舰也包括直升机母舰，因为直升机母舰同样具备一般航空母舰的所有特征，包括舰体结构、作战使用等。

航空母舰主要用于攻击敌方舰船，袭击敌方海岸设施和陆上目标，夺取作战海区的制空权和制海权，支援登陆和抗登陆作战。与其他舰种相比，航空母舰具有造价高、生产周期长、攻击威力大、适航性能好、防护力强、以编队作为主要作战形式、以舰载机作为主要攻击武器、舰载机起飞受环境影响大、易燃易爆物品多、容易发生火灾和爆炸等特点。在作战使用上，航空母舰又具有综合作战能力强、海上部署周期长、能够实施全球远洋部署、能够执行多种任务等特点。

值得注意的是，世界各国对航空母舰的定义有着不同的注释和理解。例如，苏联就将"库兹涅佐夫"号航空母舰称为"重型载机巡洋舰"，英国也将"无敌"级航空母舰称为"全通甲板巡洋舰"。

美国"尼米兹"级航空母舰

法国"克莱蒙梭"级航空母舰

第 2 章　航空母舰战斗群的核心

意大利"加里波第"号航空母舰　　　泰国"查克里·纳吕贝特"号航空母舰

2.1.2 | 航空母舰的分类

在航空母舰近百年的发展历史中，世界各国建造的航空母舰种类很多，分类方法也多种多样。其一，按所担负的作战任务进行分类，可以将航空母舰分为攻击航空母舰、反潜航空母舰和多用途航空母舰。攻击航空母舰以舰载攻击机、战斗机为主要武器；反潜航空母舰以舰载反潜飞机和反潜直升机为主要武器；多用途航空母舰可搭载多种舰载机，包括攻击机、战斗机、预警机、反潜机、电子作战飞机、运输机、加油机等，兼具攻击航空母舰和反潜航空母舰的功能，能担负攻击、反潜等多种任务。这种分类方法在二战中较为多用，但现代航空母舰一般都是多用途航空母舰，因而这种分类方法已经不再适用。

其二，按动力装置进行分类，航空母舰可分为核动力航空母舰和常规动力航空母舰。前者是以核能为推进动力源的航空母舰，续航力强，具有全天候、全球远洋作战能力；后者是以蒸汽轮机或燃气轮机为基本动力的航空母舰。虽然核动力航空母舰的综合作战能力远胜于常规动力航空母舰，但其建造和运行费用极为惊人，技术要求也相对较高，所以目前世界上仅有美国大量装备核动力航空母舰。由于技术和经费等方面的原因，其他国家的航空母舰通常均采用常规动力。

其三，按舰载机的性能进行分类，航空母舰可分为常规起降航空母舰和垂直/短距起降航空母舰。前者是指可以搭载和起降包括传统起降方式固定机翼飞机在内的各种飞机的航空母舰；后者是以舰载垂直/短距起降飞机为主要武器的航空母舰，主要担负攻击和反潜任务，其舰首通常设有"滑跳"甲板，舰上没有弹射起飞装置和飞机降落阻拦装置。

由于上述分类方法都有其一定的局限性，所以目前最常采用的方法是以排水量大小进行分类，分为大型航空母舰、中型航空母舰和小型航空母舰（或称轻型航空母舰）。其中，大型航空母舰是指满载排水量在 60 000 吨以上的航空母舰，舰载机数量为 60～100 架，以重量在 20～30 吨级的常规起降飞机为主，作战范围在 800～1000 千米。大型航空母舰多为攻击航空母舰或核动力多用途航空母舰，可进行远洋作战，在全球范围内部署，执行防空、反舰、反潜、预警、侦察及对地攻击任务。大型航空母舰的典型代表是美国海军现役的"尼米兹"级航空母舰（由于满载排水量已经达到 100 000 吨，所以也有人将其称为超级航空母舰）。

中型航空母舰的满载排水量在 30 000～60 000 吨，舰载机数量为 20～60 架，以重量在 10～20 吨级的常规起降飞机或垂直/短距起降飞机为主，作战范围在 400～800 千米。中型航空母舰可作中远海部署，执行舰队防空、反舰、反潜及对地攻击任务。中型航空母舰的典型代表是法国海军现役的"戴高乐"号航空母舰。

小型航空母舰的满载排水量在 10 000～30 000 吨，舰载机数量为 15～30 架，以垂直/短距起降飞机和直升机为主，作战范围在 200～400 千米。小型航空母舰可作近中海部署，执行防空、反舰、反潜、预警等任务。小型航空母舰的典型代表是意大利海军现役的"加富尔"号航空母舰。

美国"尼米兹"级航空母舰（"里根"号）

法国"戴高乐"号航空母舰

第 2 章　航空母舰战斗群的核心

意大利"加富尔"号航空母舰

意大利"加里波第"号航空母舰（下）与美国"尼米兹"级航空母舰（上）

西班牙"阿斯图里亚斯亲王"号航空母舰（后）和泰国"查克里·纳吕贝特"号航空母舰（前）

航行中的泰国"查克里·纳吕贝特"号航空母舰

2.2 航空母舰的构造

2.2.1 主舰体

主舰体是现代航空母舰飞行甲板以下的舰体部分,其外形设计往往先通过计算机进行模拟,并在模型水池中进行试验,以获得最佳线型。在内部结构上,主舰体从飞行甲板到舰底龙骨按照垂直方向可分为若干层空间。在每一层的纵横方向上,又以水密隔壁分为若干水密舱段。水密隔壁可以防止舱室浸水蔓延到其他舱室,以保证航空母舰的安全。现代航空母舰通常以机库甲板作为水密舱壁甲板,水密舱壁甲板以下舰体都必须以水密隔壁的形式形成舱室。

一般航空母舰的甲板或平台之间的高度在 2.4～2.8 米,机库的高度则取决于舰载机的高度,有时机库的高度要占去 2～3 层甲板的空间。机库是航空母舰上最高大的舱室,常用活动的卷帘门分隔成 3～4 个机库。以美国"小鹰"级航空母舰为例,从舰底龙骨到飞行甲板共有 10 层:从下往上第 1 层为燃油舱和淡水舱;第 2～4 层为主机舱、锅炉舱、副机舱以及舰载机的弹药舱;第 5 层主要为士兵住舱、食品舱和行政人员办公室;第 6 层为各种

第 2 章　航空母舰战斗群的核心

食堂、住舱；第 7 层为飞机修理库；第 8～10 层大部分为机库，还有值班室和飞行员食堂等。

美国"尼米兹"级航空母舰结构图

现代航空母舰的舰首一般采用封闭式设计，从飞行甲板到船头皆一体成型。自"尼米兹"级九号舰"里根"号开始，美国航空母舰的舰首下方开始采用"球鼻首"设计，苏联"基辅"级、西班牙"阿斯图里亚斯亲王"级也采用这种设计。据计算，"球鼻首"设计可使航空母舰的最高航速提升 1 节，所以这种设计开始成为流行趋势。航空母舰的侧舷通常设有供油处，采用斜角甲板的大型航空母舰的舷侧甲板下即设有额外的露天甲板，可进行补给作业，为航空母舰补充舰船油料与航空燃料。航空母舰的舰尾通常是舰载机维修与测试的地区，为开放式。

> 🔊 **TIPS：**
>
> 除了少部分航空母舰（如美国"列克星敦"级）外，二战时期的航空母舰大多采用开放式舰首，即直接在上甲板再铺上飞行甲板。这种设计便于放置防空机枪，起放船锚也比较方便，却存在强度差的问题。1944 年，美国"埃塞克斯"级"大黄蜂"号舰首一带的飞行甲板就因为台风而严重损毁。因此，战后的美国航空母舰全面采用封闭式舰首，往后也一直沿用下去。由于改用封闭式舰首，所以起锚装置由舰首甲板移到了舰体内部。

美国"尼米兹"级航空母舰侧后方视角

美国海军"尼米兹"级航空母舰的球鼻首

俄罗斯"库兹涅佐夫"号航空母舰侧后方视角

法国"戴高乐"号航空母舰侧前方视角

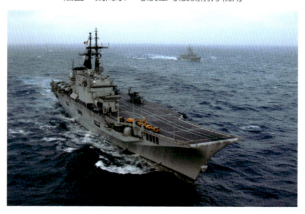

意大利"加里波第"号航空母舰侧前方视角

第 2 章 航空母舰战斗群的核心

美国"福特"级(上)、英国"伊丽莎白女王"级(中)、法国"戴高乐"号(下)的 3D 模型对比图

2.2.2 上层建筑

现代航空母舰的上层建筑力求外形简洁,从而缩小雷达反射截面积。此类技术非常复杂,经过多年发展,如今已实现了上层建筑的"集结化",包括多功能相控阵雷达、封闭式桅杆(AME/S)、电磁辐射系统(MERS)和多功能射频系统(AMRFS)。早期处于摸索阶段的全通甲板航空母舰曾经省略过上

层建筑，如英国"百眼巨人"号和"暴怒"号，但后来发现这种设计对导航与航空管制不利而作罢。

在航空母舰的发展历程中，大多数航空母舰的上层建筑均配置于右侧，仅有极少数航空母舰（如日本"飞龙"号）配置于左侧。这是因为大多数飞行员在起飞或进行攻击时习惯往左弯（由于飞行操纵杆为右撇子设计，设置于右侧，若要转弯，飞行员向左拉动远比向右顺手），而且舰载机在降落过程中要逆时针旋转（即左弯）进入环绕航空母舰的环形航线。另外，二战时期大部分战斗机追击轰炸机时也是由右至左。英国正在建造的新一代航空母舰采用了双舰岛设计，前舰岛负责航行，后舰岛负责航空管制，2座舰岛均比单舰岛设计更低矮。

法国"戴高乐"号航空母舰右舷的上层建筑非常显眼

美国"福特"号航空母舰正在吊装上层建筑

英国"伊丽莎白女王"号航空母舰的上层建筑

第 2 章　航空母舰战斗群的核心

在上层建筑中使用望远镜观察飞行甲板情况的美国海军人员

2.2.3 | 甲板层

　　航空母舰的甲板层是配置舰载机、武器系统、物资仓库、人员活动场所的基础平台。各国航空母舰的具体甲板层数没有特别规定，但从实用类型来看，大致可以分成飞行甲板、顶楼甲板、中楼甲板、机库甲板和下层甲板几种类型。

飞行甲板

　　巨大的飞行甲板是航空母舰外形上最明显的特征，它是航空母舰特有的也是极其重要的分层甲板。陆基飞机如果起飞时速度不足，仅需要延长起飞时间即可，舰载机则完全不同，因为航空母舰飞行甲板的空间有限，舰载机没有多余的跑道来滑行。因此，飞行甲板的设计对航空母舰的战斗能力有着至关重要的影响。

　　在航空母舰发展初期，飞行甲板就是在舰尾处装上一条长直钢板，因跑道长度有限而起飞速度不足，加上飞行甲板末端的上层建筑构造会产生不利于飞行的气流，这种设计很快被摒弃。之后，出现了"全通甲板"，外观为长直的矩形，拦阻网将甲板分为前后两部分，前段为舰载机起飞区，后段为舰载机降落区。当拦阻网放下时，前后两部分合二为一，舰载机就能从舰尾向前自由测距滑跑起飞。

　　自航空母舰问世到 20 世纪 50 年代初期，全通甲板一直是各国航空母舰的主流设计。喷气式飞机时代来临后，以往能够满足螺旋桨飞机起飞的前段跑道长度无法令其起飞,若从后段甲板起飞,则会令其他舰载机无法降落,从而降低起降效率。另外,全通甲板也存在降落失败会撞毁跑道飞机的问题。英国曾尝试在甲板上铺设橡皮,让舰载机在没有开动起落架的情况下降落,但这会造成舰载机降落后难以移动的问题。

有鉴于此,英国海军上校丹尼斯·坎贝尔(Dennis Campbell)提出将甲板自舰身中心线左偏10°、前段甲板就可用来安全地停放飞机和进行起飞的设计概念,若飞机在斜角区降落失败也不会撞到起飞区与停机区的飞机。1952年5月,美国海军也在"中途岛"号航空母舰的斜角甲板上尝试起降螺旋桨飞机与喷气式飞机,效果皆令人满意。此后,斜角甲板设计逐渐成熟,喷气式舰载机也在20世纪50年代中期大量服役,美国海军还将大量老式航空母舰(如"埃塞克斯"级)改为斜角甲板。斜角甲板的优点是:降落飞机未能钩住拦阻索时,可马上拉起复飞而不会与前甲板停放的飞机相撞。另外,舰载机起飞和降落可同时进行。

时至今日,中大型航空母舰大多采用斜角甲板,舰体前方的直通部分用于飞机起飞,长约70～100米,斜角部分位于主甲板左侧,用于飞机降落,长约220～270米,两部分夹角为6°～13°。而小型航空母舰(轻型航空母舰)由于尺寸较小,无法布置多条跑道和弹射器,加上没有成熟的弹射器技术,因此仍旧采用全通甲板,并结合"滑跳"甲板的设计。"滑跳"甲板也是英国人的发明,它将航空母舰最前方的飞行甲板的仰角提高。这使得飞机一部分的速度转为向上的升力,相较于垂直起飞,这种方法较节省油料。"滑跳"甲板的成本和技术限制不大,建造相对简单,故障率也较低。不过,以"滑跳"甲板起飞的舰载机所能携带的武器数量远少于以弹射器起飞的舰载机,严重限制了舰载机的战斗力。此外,它对飞行员的技术要求也很高。

美国海军"尼米兹"级航空母舰的飞行甲板控制室

第 2 章　航空母舰战斗群的核心

采用"滑跳"甲板的意大利"加富尔"号航空母舰

采用斜角甲板和"滑跳"甲板的俄罗斯"库兹涅佐夫"号航空母舰

采用斜角甲板和"滑跳"甲板的印度"维兰玛迪雅"号航空母舰

各国航空母舰（包括准航空母舰）飞行甲板布局对比图

顶楼甲板是位于机库甲板和飞行甲板之间的甲板层，也是飞行甲板下面的第一个甲板层。顾名思义，顶楼甲板就是机库甲板的顶楼。由于紧贴飞行甲板，顶楼甲板自然而然地成为与飞行最紧密相关的甲板层，通常用来布置与飞行作业关系比较密切的重要舱室，如飞机弹射装置、飞行员休息室、空地勤人员食堂、作战情报中心等。

第 2 章 航空母舰战斗群的核心

顶楼甲板通常是连续的，过去航空母舰的机库一般只占有 2 层甲板的高度，为了停放某些大型舰载机，有的航空母舰会在顶楼甲板的某些位置挖去部分空间，以增大机库的高度。现代航空母舰由于搭载的舰载机机型较多，有的舰载机体积大、垂直尺度高，如预警机、空中加油机等大型舰载机，因而需要高度较大的机库，所以现代航空母舰一般设置占有 3 层甲板高度的机库，顶楼甲板也不需要挖去部分空间了。

法国"克莱蒙梭"级航空母舰的飞行员休息室

中楼甲板是位于顶楼甲板和机库甲板之间的甲板层，通常有 1～2 层。实际上，中楼甲板的布设，是由于机库占用空间比较高，为了提高航空母舰内部空间使用效率，在机库空间之外的部分再度划分成 2～3 层使用空间而形成的甲板层。为了保证机库的容积，中楼甲板只能在机库四周布置一些舱室，中间的很大一部分空间是属于机库的。中楼甲板可以布置与海上补给、甲板机械以及和机库有关的一些舱室。

机库甲板

机库甲板是安置机库空间的甲板层。在航空母舰发展较早的国家，机库甲板习惯上被称为主甲板。与飞行甲板类似，机库甲板也是为舰载机服务的主要甲板，其设置应有利于舰载机的流通转移、安全管理和保养维修。

为了安全、便捷、有效地对舰载机进行管理和保养维修，机库内应该设置机库控制室，对飞机的安放、流动、运行操作、维修等作业进行管理，并要特别注意设置安全防火的设备和装置。舰载机的主要维修保养任务都是在机库内进行，因而机库内必须要具备较为完善的维修保养设施和相应的专业车间。除机库空间外，机库甲板上的其余空间通常也以舰载机服务为原则进行设置。例如，连通机库甲板和飞行甲板之间的升降机，可使舰载机在最短时间内转移到飞行甲板。此外，还有损害管制中心、配电室等。

美国海军"斯坦尼斯"号航空母舰的勤务人员正在清洗机库甲板

下层甲板是机库甲板以下的甲板层，通常占据3层空间。由于机库甲板以下通常采用水密舱壁结构，所以下层甲板一般结构坚固，安全性较高，可以设置一些重要的指挥和控制部位。同时，由于机库甲板以上的甲板层以设置与舰载机飞行相关的舱室部位为主，因而下层甲板又是布置各种设备和舰上人员生活设施的重要场所，其每层甲板设置的舱室相对较多。此外，航空母舰的水线基本接近下层甲板下方位置，因而该层甲板有时候还可以设置一

第 2 章 航空母舰战斗群的核心

些调整水舱等其他舱室，用来帮助航空母舰调整重心或航行姿态，进而保障航空母舰上武器装备和舰载机等设备、平台的顺利使用。

美国海军"尼米兹"级航空母舰上的健身房

2.2.4 | 机库

如前所述，机库位于机库甲板层内，也是机库甲板层最重要的组成部分。机库是储存和整备航空母舰舰载机的地方，分为开放式和封闭式两种。其中，前者是在机库甲板上方再额外建造机库墙壁、甲板支撑柱等结构，再加上飞行甲板。开放式机库的优点是通风良好、损害管制佳（炸弹若击入机库内部，爆炸造成的冲击波会宣泄到外面）、结构较轻、容纳飞机多以及可依舰载机尺寸作修正。

封闭式机库是机库与船体结构整个一体成形，飞行甲板为强化结构。封闭式机库的优点是防御力强、结构坚固、核生化防护佳等。由于封闭式机库容易累积易挥发的气体，受到攻击或是意外而着火的舰载机也不能直接丢入海中，所以在 20 世纪 50 年代以前很少被采用。直到进入喷气式舰载机时代后，航空燃料变得相当安全，加上后来发展的消防灭火与监控装置协助，封闭式机库才逐渐成为主流。

机库内除了舰载机联队的维修人员外，还有属于航空母舰的飞机中期维修部门（AIMD），可进行较大工程的维修作业，并分为引擎部门（维修舰载机的引擎)、综合部门（修补破损的机体结构或机翼）、电子零件部门（整备精密电子设备，如雷达、感应器）和救难装备部门（维修飞行员的安全设备）。若是美国海军的航空母舰，还可在机库内进行引擎喷气的试验。

美国海军"华盛顿"号航空母舰的机库

美国海军"斯坦尼斯"号航空母舰的舰员在机库内举行活动

俯视英国海军"皇家方舟"号航空母舰的机库

第 2 章　航空母舰战斗群的核心

2.2.5 | 武器库

武器库是用来储备各式炸弹、鱼雷、导弹与火箭的区域，位于船舰底部、水线之下，通常在舰首和舰尾各有 1 处，中间则为机库，这些武器多以半组装方式收纳。为了将其送至甲板，武器库有着比飞机升降机更小的专用升降机（以美国"尼米兹"级航空母舰为例，共有 9 具武器升降机，其外形如一个从甲板向上开启的门，在不使用时可盖起来，成为甲板的一部分），将武器从库中升到上一层甲板，由各层作业员进行阶段性的组装，再由该甲板的其他升降机继续往上输送（部分通到机库），以防止弹药意外诱爆。

二战之后的美国航空母舰，还需要另外设计一种用于存放和组装核武器的弹药库，被称为"特殊飞机维护储存区"（Special Aircraft Services Stores, SASS）。基于核武器的机密和敏感性，这些弹药库的使用、人员进出管制与保安都有特别的处理和操作程序，没有受到相关训练验证或者是无关的人员，一概不得靠近。

美国海军"艾森豪威尔"号航空母舰的勤务人员从武器库中运出武器

2.2.6 | 升降机

升降机是将舰载机自机库运输至飞行甲板的装置，早期配置于全通甲板的舰身中线的前、中或后方，通常为 2～3 具，也是甲板上最脆弱的部分，如果升降机故障或是遭到破坏会导致舰载机无法起降，进而丧失战斗力。此外，炸弹也可能击穿升降机，直接进入机库中，而机库又与堆积弹药与燃料的隔舱接近，一旦引爆可能导致严重的后果。

后来，美国海军将升降机位置调整到侧舷，除了不妨碍起降作业以及安全性高外，还具有飞机翼展超过升降机宽度时也能使用的优点。美国"福莱斯特"级航空母舰曾在斜角甲板前方设置1具升降机，以便让飞机降落后立刻收入机库，然而后来发现这样做的机会其实很少，另外航空母舰航行时溅起的浪花会波及舰载机，因此从"小鹰"级航空母舰开始又将该升降机位置调整到侧舷。现代大型航空母舰的升降机宽约20米、深达15米，可负重100吨，可在1分钟内将1架舰载机从机库运至飞行甲板。

平视美国海军"艾森豪威尔"号航空母舰的升降机

美国海军"卡尔·文森"号航空母舰的舰员从升降机上跳水

俯视美国海军"艾森豪威尔"号航空母舰的升降机

美国海军"企业"号航空母舰使用升降机运送F/A-18C战斗/攻击机

第 2 章　航空母舰战斗群的核心

2.2.7 | 起飞装置

飞机起飞仰赖升力,升力与飞机起飞的加速度成正比。如何在航空母舰有限的甲板空间,让舰载机达到足够的起飞速度,这是一个关键的问题。以300米长甲板的航空母舰来说,仅有100米能用于起飞,远低于绝大多数现代舰载机的滑跑距离。目前,航空母舰的舰载机起飞方式分为4种:自主起飞、弹射起飞、垂直起飞和滑跳起飞。

☞ 自主起飞

自主起飞类似于陆基飞机的起飞方式,飞机滑行移动到飞行甲板的起飞位置上就拉刹车,把油门加大到起飞位置并松开刹车,飞机依靠自身的动力沿飞行甲板跑道加速起飞。这种起飞方式最早于1920年在美国海军"兰利"号航空母舰上实行,一般用于速度小、重量轻的螺旋桨舰载机。目前,航空母舰上携带的大多是喷气式飞机,但仍有少数种类的螺旋桨飞机,并且以无人机居多。无人机一般具有重量轻、需要的起飞速度小、易于控制等特点,可以在航空母舰上实现自主起飞。但随着技术的进步和发展,为了提高起飞的安全性和成功率,大多数无人机的起飞通常采用"投射"或"垂直起降"的方式,因而舰载机在航空母舰上自主滑跑起飞的方式现已极少采用。

☞ 弹射起飞

1911年,美国人西奥多·埃利森发明了重锤与滑轮相结合的加速弹射器装置,而后又改进为压缩空气推动活塞的弹射器,并于1915年10月装设于"北卡罗来纳"号装甲巡洋舰上,为最初实用化的弹射器,而后又出现了油压式弹射器。早期由于螺旋桨飞机重量轻和起飞速度不大的缘故,一般都是自主起飞,只有重量较重的水上飞机和无甲板空间可滑行的战列舰舰载机才需要用到弹射器。

到了喷气式飞机时代,舰载机重量大幅提升,自主起飞和原先的弹射器已不足以应付其需求。1951年,英国人柯林·米切尔提出将航空母舰蒸汽轮机的蒸汽连动到弹射器上,进而发明了航空母舰使用的蒸汽弹射器(值得注意的是,第一个发明以蒸汽作为弹射器动力源的国家是德国,用于1944年发射 V-1 导弹之用），并在"伯修斯"号航空母舰上首次安装试验，美国也于 1960 年研制出内燃式弹射器，但其效果不能令人满意，日后被淘汰。

到了现代，弹射器分成两种形式："拖索式"和"前轮牵引式"，前者是以钢索将舰载机挂载于滑块上，再以其快速向前移动，将飞机沿着甲板上的轨道拖曳加速，进而起飞，目前仅有巴西"圣保罗"号航空母舰使用这种弹射方式；后者则是将飞机前轮上的弹射杆挂载于甲板上弹射器的滑块中，经由弹射的拖曳达到加速效果，后者比前者省下大量的人力，弹射时间也更短，但舰载机需要经过专门设计，目前这种弹射形式是主流。

弹射起飞的美国海军 F/A-18 "大黄蜂"战斗 / 攻击机

现代的弹射器一般以蒸汽作为动力，其管线铺设于飞行甲板下，并在甲板的沟槽上连接一个滑块，在使用"前轮牵引式"时，舰载机会用弹射杆钩住滑块，当弹射器充气完成后，甲板会立起阻挡热蒸汽、保护甲板作业人员的"喷流挡板"（分成耐热砖和流水冷却式两种，目前新建航空母舰大多采用前者，在无须进行弹射作业的情况下可盖起来成为甲板的一部分），飞机再借由蒸汽的强大推力驱动滑块前进而起飞，多余的蒸汽再于管线末端排出，若天气恶劣、甲板勤务人员不好进行作业时，可以自甲板的"弹射器综合控制系统"操作，其为甲板上的一个半圆形透明操作室，可于该处操作弹射系统，不使用时可关闭而成为甲板的一部分。一般大型航空母舰上都有 2 部以上的弹射器，可以在 2 秒内将飞机自 0 加速到每小时 300 千米，大约每 20 秒即可让 1 架飞机升空。

由于蒸汽弹射器造价昂贵，制造和安装技术比较复杂，保养非常费工夫，占用航空母舰空间过大和过重（以美国"尼米兹"级航空母舰来说，4 部蒸

第 2 章　航空母舰战斗群的核心

汽弹射器重量就有 2280 吨，体积则有 2265 立方米），所以只有极少数国家拥有制造技术。目前，美国拥有 C-13 型蒸汽弹射器（除供给美国海军使用外，法国海军也有使用），英国拥有 BS5 型蒸汽弹射器。

美国海军"尼米兹"级航空母舰的蒸汽弹射器局部特写

美国海军"卡尔·文森"号航空母舰上的蒸汽弹射器控制室

蒸汽弹射器的内部

蒸汽弹射器的密封槽

47

目前，美英等国正在研制最新一代航空母舰专用飞机弹射器——电磁弹射器，其中美国已公开宣布研制成功，并且安装在建造中的"福特"级航空母舰上。电磁弹射器的原理类似磁悬浮列车，能有效降低维护和发射成本，并能提升航空母舰自动化程度。电磁弹射器使用1台直线电动机作为动力来源，这是它与传统的蒸汽弹射器最大的不同。

美国海军"斯坦尼斯"号航空母舰上的蒸汽弹射器液压系统

电磁弹射器重量轻（只有20吨左右）、造价适中、维护成本较低，系统的淡水消耗量较少，同时也更节能。电磁弹射器占用的空间更小，运作需要的人力也更少，可靠性也更高。1部蒸汽弹射器弹射1次，需要消耗大量蒸汽，并且要在航空母舰甲板下安装庞大的机械设备。电磁弹射器使用航空母舰产生的电能，安装也更为简易。另外，将大量的水烧开产生蒸汽储备需要十几小时，而电磁的充能只需要数分钟，这种紧急应战能力是很大的优势。

相较于蒸汽弹射器，电磁弹射器可以弹射更重型的飞机，其加速的过程更均匀，对飞机的结构伤害也更小。电磁弹射器的加速度可以精确地控制，针对重型的战斗机和小型的无人机可调节不同能量输出，以适应其不同起飞速度要求。美国的电磁弹射器弹射速度的范围为每秒28～103米，中间为无挡段，但传统蒸汽结构只有几个较粗挡段，飞机设计重量只能落在特定几种重量，过轻或过重都不行。另外，电磁弹射器的最大弹射输出功能够达到122兆焦，而传统的蒸汽弹射器只有95兆焦。相较之下，电磁弹射器的能量输出多出了29%。其次，电磁弹射器能量利用率也高出了5%。

当然，电磁弹射器同样存在弱点。一旦航空母舰的电力系统或核反应堆出现故障，整套系统将不能运作。另外，由于弹射器需要消耗大量电力，作为其能量来源的4套发电机组将占用相当大的空间。

第2章 航空母舰战斗群的核心

电磁弹射器结构示意图

F/A-18"大黄蜂"战斗/攻击机进行电磁弹射器弹射试验

安装在陆地上用于试验的电磁弹射器

垂直起飞

垂直起飞是垂直起降飞机特有的起飞方式。早在20世纪40年代初,就有一些人在探索飞机垂直起降的方案。当时,英国有人提出将喷气升力发动机装于飞机上,来实现垂直起降的设想。20世纪40年代末,美国也开始对各类垂直起降飞机模型进行研究,但因当时的喷气发动机的起飞推力,达不到将喷气战斗机垂直升起的要求,最终没能获得成功。20世纪50年代中期,航空技术的发展为研制垂直起降飞机提供了可靠的基础。英国率先设计出一种有实用价值的垂直起降飞机,即"鹞"式攻击机。这种飞机的发动机设有4个喷口,都在机身两侧而且可以转动。当喷口向下时,产生的推力可使飞机垂直上升;当喷口向后时,产生的推力可使飞机前进。飞行员调整喷口的方向和角度,便可改变飞机的飞行姿态。

由于实现了不需要滑跑就能起飞,垂直起降舰载机具有两个显著的优点:一是如果航空母舰受损,可大大增加飞机起飞和回收的可能性;二是垂直起降舰载机降落比普通飞机更为简单和安全,甚至在夜间和恶劣天气条件下也是如此。不过,垂直起降舰载机同样有着难以克服的致命缺陷:一是动力喷口转向装置增加了飞机的额外重量;二是由于起飞阶段需要消耗大量的燃油,因此垂直起降舰载机通常挂载能力较小，作战半径较小，制约了其综合作战能力的提升。

英国"卓越"号航空母舰上的"海鹞"垂直起降攻击机

"海鹞"垂直起降攻击机在西班牙"阿斯图里亚斯亲王"号航空母舰上起降

滑跳起飞

滑跳起飞是现代航空母舰舰载机的主流起飞方式之一，目前采用这种技术的国家有英国、俄罗斯、西班牙、意大利、印度、泰国等。滑跳起飞需要借助特殊的"滑跳"甲板，由英国人道格拉斯·泰勒所发明，最早于20世纪70年代应用在"无敌"级航空母舰上。

滑跳起飞的原理是飞机贴着甲板进行滑行加速时，经由向上抬升约4°～15°的飞行甲板获得正轨迹角、俯仰角速度和一定的初始高度。与弹射起飞相比，滑跳起飞的优势是成本低、技术简单和甲板人力少，缺点是飞

第 2 章　航空母舰战斗群的核心

机载重比弹射起飞舰载机轻（载重中包括油料，影响其航程），也会降低飞机离舰速度、增加起飞所需跑道距离、起飞时需额外加速，使得飞机要耗费更多燃油，导致飞机作战时间较短，起飞效率也比弹射起飞低（后者约为其4倍以上）。这种起飞方式一次只能让1架飞机起飞，执行大规模机群的行动时颇费时间。为了弥补这个问题，俄罗斯海军"库兹涅佐夫"号航空母舰设有2条跑道。

美国海军 F-35 战斗机从模拟"滑跳"甲板上起飞

应用了"滑跳"甲板的英国"无敌"级航空母舰

俄罗斯 MiG-29K 战斗机"滑跳"起飞

2.2.8 | 降落装置

降落程序

舰载机降落技术远比起飞困难，失事率也远高于陆基飞机。航空母舰飞行甲板若为 300 米，一般仅有 100 米可腾出用于降落（若为斜角跑道，约有 200 米，仅为陆基降落跑道长的 1/10），加上航空母舰本身纵摇、横摇、上下起伏的运动、舰上干扰气流（如通过甲板表面而至尾部向下沉再往上升的"公鸡尾"气流和自右舷舰桥形成的乱流）、风速限制（一般情况下，舰载机要降落必须要有 25 节以上的相对风，为了让降落顺利，航空母舰需要适时调整其航速）与可见度等都增加了降落的难度。美国海军规定舰载机降落时，航空母舰纵摇不得超过 2°，横摇不得超过 7°，舰尾下沉不得超过 1.5 米。

正常降落过程为舰载机首先以平行于航空母舰前进的相反方向的右舷飞行，再转弯进入顺风段，并放下拦阻钩与起落架，再沿着 3.5°～4°下滑线进场，以拦阻钩钩住航空母舰上的拦阻索（若舰载机飞得太高会钩不住拦阻索，飞得太低又会撞到舰尾），以其吸收飞机动能。舰载机降落过程中，通常会有以下 4 种情况：安全降落、复飞、逃逸、撞舰。这 4 种状况中，复飞占据 40%～50%，指的是未接触甲板而降落失败的情况，倘若油门功率、反应时间和纵向加速度许可，仍可重新进入降落程序；逃逸则指的是飞机已接触甲板，但降落失败的情形，通常是未能钩住拦阻索，这时飞行员必须让舰载机加速滑跑，倘若该机短程起降和引擎加速性能不足，很容易失败。

美国海军 F/A-18"大黄蜂"战斗/攻击机在"卡尔·文森"号航空母舰上降落

第 2 章　航空母舰战斗群的核心

成功降落的美国海军 E-2 "鹰眼"预警机

辅助降落设备

在航空母舰诞生之初，舰载机的降落作业非常困难，发生事故伤亡较多，因而最早在美国海军"兰利"号航空母舰上出现了两种革命性的辅助降落制度：设置"降落指挥官"与使用拦阻网，前者在甲板上判断降落条件、飞机高度等来挥动旗帜打信号，一般由技术纯熟的飞行员担任，而后此制度传入英国。至于拦阻网则是让降落的飞机免于意外的一项保险，早期飞机降落时要由甲板人员上前挂住钩索，而后进步为飞机降落时会打开下方的拦阻钩来钩住甲板上并排的拦阻索，拦阻索两端连入甲板下的液压制动器，吸收飞机剩余的动能，进而让其在甲板上停下。如果没有挂到拦阻索，拦阻网可以避免飞机撞上甲板停放的飞机或是摔出飞行甲板，也不会毁损机体，还可以调整降落位置，因此拦阻网的发明大幅提升了飞机的降落效率。在 1923 年未使用拦阻网时美国海军最佳的成绩是 7 分钟降落 3 架飞机，使用拦阻网后则是 4 分 20 秒降落了 6 架。与可以重复使用的拦阻索不同，拦阻网使用一次后必须更换。

航母战斗群作战指南

美国海军"艾森豪威尔"号航空母舰的勤务人员正在检查拦阻索

美国海军 F/A-18"大黄蜂"战斗/攻击机尾部的拦阻钩成功钩住拦阻索

美国海军"小鹰"级航空母舰上的拦阻网

第 2 章　航空母舰战斗群的核心

进入喷气式舰载机时代后，由于其速度过快、降落指挥官和飞行员都反应不及，原有制度已不能保证安全降落。1952 年，英国海军中校尼可拉斯·古德哈特设计出了早期的光学助降装置——助降镜。它是一面大曲率反射镜，设在舰尾的灯光射向镜面再反射到空中，给飞行员提供一个光的下降坡面（与海平面夹角为 3.5°～4°），飞行员沿着这个坡面并以飞机在镜中的位置修正误差，直到安全降落。助降镜受海浪颠簸影响较大，飞行员往往会丢失光柱并较难捕捉到。20 世纪 60 年代，英国研制出第二代光学助降装置——"菲涅耳"光学助降装置，它在原理上与助降镜相似，也是在空中提供一个光的下滑坡面，但它提供的信号更利于飞行员判断方位，修正误差。

20 世纪 70 年代，美国海军又研制出了全自动助降系统，它通过雷达测出飞机的实际位置，再根据航空母舰自身的运动，由航空母舰计算机得出飞机降落的正确位置，再在指令计算机中比较后发出误差信号，舰载机的自动驾驶仪依据信号修正误差，引导舰载机正确降落。现代航空母舰的辅助降落设备多半是混合使用，可互相取长补短，获得最佳效果。

美国海军"艾森豪威尔"号航空母舰上的光学助降装置

航母战斗群作战指南

在螺旋桨舰载机时代，航空母舰上通常设有10～15道拦阻索和3～5道拦阻网。而喷气式舰载机降落时并不关闭发动机，情况不好马上可以复飞，所以现代航空母舰的拦阻索大幅度减少。美国海军的航空母舰通常备有4道拦阻索，第一道设在距离斜角甲板尾端55米处，然后每隔14米设1道，由弓形弹簧张起，高出飞行甲板30～50厘米。这些拦阻索可使30吨重的舰载机以259千米/小时的速度降落后滑跑91.5米停止。舰载机停下后，拦阻索自动复位，迎接下一架舰载机的到来。而现代航空母舰配备的拦阻网一般由高强度尼龙材料制成，用于在舰载机尾钩、起落架出现故障、飞行员受伤、燃油耗尽等情况下应急回收舰载机。

美国海军F/A-18"大黄蜂"战斗/攻击机借助拦阻索降落

美国海军E-2"鹰眼"预警机借助拦阻索降落

第 2 章　航空母舰战斗群的核心

美国海军现有的拦阻系统依然存在很多短板，难以满足美国海军下一代航空母舰和 F-35 舰载机的需求。因此，美国通用原子公司设计了涡轮电力拦阻方案，与现有的拦阻系统相比，涡轮电力拦阻的体积更加紧凑、智能化、自动化水平更高，具有明显优势。

2.2.9 | 动力系统

航空母舰的轮机舱是整艘船的动力中枢，也是决定其重量与体积的关键之一。一般来说，主机形式分为柴油机、燃气轮机、蒸汽轮机和核反应堆。由于航空母舰属于大型军舰，以柴油机为主动力会推力不足，而燃气轮机则燃料消耗大，因此现在大型航空母舰多使用后两者，小型航空母舰则使用燃气轮机（有些外加柴油机辅助）。

燃气轮机

燃气轮机是以连续流动的气体为工质带动叶轮高速旋转，将燃料的能量转变为有用功的内燃式动力机械，是一种旋转叶轮式热力发动机。英国"无敌"级航空母舰、西班牙"阿斯图里亚斯亲王"级航空母舰均使用燃气轮机。

燃气轮机的第一个优势是功率密度极大。一般情况下，同等功率的燃机体积是柴油机的 1/3 到 1/5，是蒸汽轮机的 1/5 到 1/10。这是由于燃气轮机本身精巧的连续转动热力学循环结构造成的，体积小、功率大，非常适合军舰分舱小、航速要求高的特点。

燃气轮机的第二个优势是启动速度快。燃气轮机的转速是 3 种常规动力系统中最高的，其转子十分轻巧，在启动机的帮助下在 1～2 分钟内就可以达到最高转速。而柴油机由于转子运动源于活塞的往复，加速较慢，蒸汽轮机更是缓慢，整个系统达到最高功率输出可能需要长达 1 小时的时间。对于航空母舰的战时出动和反潜作战时加减速性能来说，启动速度有着直接的影响。

燃气轮机第三个优势是噪声低频分量很低。由于燃气轮机本身处于高速稳定转动当中，产生的噪声更多是高频啸声。而柴油机的活塞往复产生了大量低频机械振动噪声，恰好迎合了海洋容易传播低频噪声的特点，导致航空母舰容易被敌方声呐探测到。

燃气轮机也存在不少缺点，由于它工作时需要吸入大量的新鲜空气，同时排放出大量的废气，因此排烟系统会占据大量空间，简单来说就是需要较蒸汽轮机更大的烟囱，从而导致其余设备在空间和结构上的局限性。

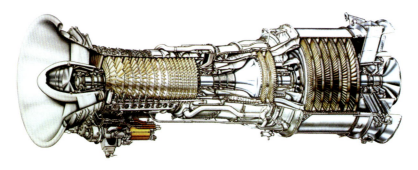

西班牙"阿斯图里亚斯亲王"级航空母舰使用的通用电气 LM2500 燃气轮机结构图

西班牙"阿斯图里亚斯亲王"级航空母舰

第 2 章　航空母舰战斗群的核心

航行中的英国"无敌"级航空母舰

　　蒸汽轮机是一种撷取（将水加热后形成的）蒸汽之动能转换为涡轮转动之动能的机械，它将蒸汽通过喷嘴喷到装有叶片的转轮上，使其旋转，带动推进器推进航空母舰。与燃气轮机和柴油机相比，蒸汽轮机有体积大、重量大、热效率低下、加减速能力差等缺点，但也有着单机功率大、润滑油消耗量小、运行平稳、噪声和震动小等优势。

　　常规动力航空母舰的蒸汽轮机依靠重油锅炉来提供蒸汽，消耗的是重油，即原油提取汽油、柴油后的剩余重质油，其特点是分子量大、黏度高。而核动力航空母舰是依靠核燃料燃烧发出的热将水加热成蒸汽，推动蒸汽轮机做功。目前，美国海军"尼米兹"级航空母舰和俄罗斯"库兹涅佐夫"号航空母舰均使用了蒸汽轮机。

航母战斗群作战指南

航行中的俄罗斯"库兹涅佐夫"号航空母舰

核反应堆

核反应堆分为压水式、沸水式及游泳池式,现在大部分使用压水式。与常规动力航空母舰相比,核动力航空母舰的优势极为显著,拥有前者难以比拟的航程,以美国海军"尼米兹"级航空母舰为例,其可连续航行约20年(单以舰上物资来看,自给力则有90天之久),1克的铀可产生2吨重油燃烧出来的热量,能量转换效率极高。核动力航空母舰在其他方面也有许多优势,它去除了以往设计师需要费工夫铺设的烟囱与排气道等诸多管线,后者往往占去舰上许多宝贵的空间,除了令舰体本身强度降低外,也让排出的废气腐蚀了设备与伤害了舰员的健康,突出的烟囱也增加了航空母舰雷达反射截面积,其排出热流多少也会危及飞机的降落,同时容易成为红外线制导导弹的目标。此外,暴露在外的排气道还会让航空母舰的三防性能大打折扣。

核动力航空母舰可制造大量的淡水和充沛的电能,可用于空调及其他电器,改善舰员的生活环境。由于没有管线和储存油料的舱房,省下的空间可装载更多的物资(如航空燃油、补给品、炸弹)、人员起居空间变得更大、自给战斗能力更久。不过,核反应堆造价极高,远非一般国家所能承受。目前,世界上只有美国海军大量建造核动力航空母舰。除美国外,只有法国拥有1艘核动力航空母舰。

第 2 章　航空母舰战斗群的核心

航行中的美国海军"尼米兹"级核动力航空母舰

航行中的法国海军"戴高乐"号核动力航空母舰

2.2.10 | 舰载武器

除了舰载机，大部分现代航空母舰都配备有最低限度的自卫武器，包括各式防空导弹、近程防御武器系统以及电子战武器设施。究其原因，主要是因为航空母舰角色的转换与雷达设备的进步。

在航空母舰发展初期，航空母舰舰载机的反舰能力还不甚明了，主要用于在海上为战列舰实施侦察，这样一来就无须太在乎甲板设计会影响到舰载机数量的问题。另外，由于当时舰载雷达尚未出现，航空母舰会在无意间进入敌舰射程范围内，为了进行反击，航空母舰上会配装舰炮。二战期间，舰载雷达蓬勃发展，航空母舰可有效避开敌舰的突袭，加上舰载机的攻击能力已得到了证明，航空母舰本身就不需要防空火炮以外的武器，中大口径舰炮随即消失。飞机进入喷气超音速时代后，传统防空火炮根本无法应付，因此美国曾计划将防空任务全交由舰载机负责。

到了 20 世纪 80 年代，由于苏联海军强化了反舰导弹打击能力，有能力自潜艇、飞机与水面舰等多平台发射大量反舰导弹进行饱和性攻击，这种战术极有可能突破由舰载战斗机与护卫舰艇组成的空中防护网，因此航空母舰仍需要配备防空导弹、近程防御武器系统以及电子战等武器来确保自身的安全。若是常规动力航空母舰还可发射热焰弹来应对红外线制导的导弹。除了应对敌军武器，现代航空母舰上还有完善的消防系统。

以美国海军"尼米兹"级航空母舰为例，其装有射程约 50 千米的"改进型海麻雀"防空导弹、射程 26 千米的"海麻雀"防空导弹、射程 9.6 千米的 RIM-116 "拉姆"防空导弹、射程 4.5 千米的"密集阵"近程防御武器系统，还有干扰敌人雷达的电子战装置。与美国不同，俄罗斯重视单舰作战能力，同时由于俄罗斯海军舰队防空网强度不足，所以"库兹涅佐夫"号航空母舰的自身火力比西方国家的航空母舰强上许多，包括反潜火箭、反舰导弹、防空导弹以及近程防御武器系统。

第 2 章 航空母舰战斗群的核心

美国海军"林肯"号航空母舰发射"海麻雀"防空导弹

美国海军"卡尔·文森"号航空母舰上的"密集阵"近程防御武器系统

美国海军"艾森豪威尔"号航空母舰发射"拉姆"防空导弹

法国海军"戴高乐"号航空母舰发射"阿斯特"15型防空导弹

2.3 航空母舰的舰载机

  舰载机是航空母舰的主要武器,其性能决定航空母舰的战斗能力,载机数量越多者实力也相对越强,航空母舰本身也是为了让飞机起降、维修以及使其能长期作战而存在的。相较于传统最大攻击距离仅有40千米的战列舰舰炮武器,舰载机有着1000千米以上的作战航程,还能够以空中加油的方式延长航程,并能在攻击完后回到航空母舰上装载弹药,再度起飞攻击,其作战持续性和任务多样的作战能力也是舰载机与巡航导弹在海战中所扮演的角色最大的不同。

2.3.1 舰载机与陆基飞机的区别

  航空母舰是一个尺寸有限的海上浮动平台,这就使在该平台上起降并存

第 2 章 航空母舰战斗群的核心

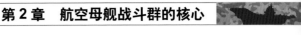

放的舰载机具有一些与陆基飞机不同的特殊设计要求和使用维护特点。

一是舰载机的起降性能更为优良。由于海洋气象条件和风浪的影响,航空母舰不时摇晃,甲板飞行区域面积有限,这些都增加了舰载机起飞和降落的难度。因此,舰载机通常重心低,抗倾倒能力强,具有比陆基飞机更好的起降性能,较低的降落速度,良好的低速操纵性。

二是起降方式不同。由于航空母舰起飞甲板长度有限,舰载机通常要借助弹射器起飞。起飞时,舰载机上的挂钩与弹射器相连,在自身发动机推力和弹射力共同作用下,只需要滑跑几十米便能脱钩飞离甲板升空。降落时,舰载机借助自身的拦阻钩和航空母舰上的拦阻索,只需要滑跑很短的距离就能强行停止。因此,舰载机的机体结构更为坚固,起落架的减震性能更好,能承受得住弹射起飞加速度和降落时的冲击负荷。

三是大多数舰载机都有折叠结构。这种设计的目的,一是缩减舰载机在甲板停机坪上的占用面积,以便多放一些值班飞机;二是便于舰载机在空间有限的舰内机库存放,多数舰载机的机翼可在停放时向上折叠,有的机头和垂直尾翼还可折转。另外,舰载机的机体上有系留装置,可将飞机系留在舰上,以防止舰船剧烈摇摆时飞机翻倒。陆基飞机通常没有必要设计成这样的结构。

四是舰载机的抗腐蚀能力比较强,以抵御海水的侵蚀。由于航空母舰的可移动性,在许多情况下,它可能会遭遇几乎所有的天气和环境状况。高海况、低温、强风和腐蚀性盐雾,为海上活动的人和机械制造了极其苛刻的环境。在这种环境下,以常用的镁、铍等材料来制造舰载机并不合适,必须选用综合性能良好的材料,尤其对疲劳强度和断裂韧性要求高。舰载机的结构材料和功能材料必须有良好的三防性能,即防盐雾、潮湿及霉菌的能力。与此同时,还应采用先进的表面防护技术对舰载机进行表面防护处理,并采用密封等措施来隔离环境的腐蚀作用。

此外,舰载机的研制费用和售价均高于多数同类陆基飞机,而且有的技术复杂,还要求由高等级的飞行员驾驶。

美国海军 F-14"雄猫"战斗机（已退役）

机翼折叠的美国海军 F/A-18"大黄蜂"战斗/攻击机

第 2 章　航空母舰战斗群的核心

机翼折叠的俄罗斯海军 Su-33"海侧卫"战斗机

2.3.2 | 舰载机的种类

若按用途划分，舰载机可分为轰炸机、反潜机、鱼雷机、攻击机、战斗机、预警机、电子战飞机、直升机、侦察机等，其中攻击机和战斗机为核心组成部分；若以布局和起降方式为依据，舰载机还可分为直升机、传统起降机和垂直起降机。在如今大规模战争不再、军费缩减、航空母舰空间有限的背景下，舰载机的发展趋势是功能多样化，专职的水平、俯冲轰炸机并入攻击机，许多的专职战斗机退役，被战斗轰炸机与战斗/攻击机取代，专职的舰上鱼雷机与侦察机也从航空母舰上消失。

航空母舰的主力舰载机是战斗机、攻击机与战斗/攻击机。目前，服役中的机型有美国的 F/A-18"大黄蜂"战斗/攻击机（包括 F/A-18E/F"超级大黄蜂"）和 AV-8B"海鹞Ⅱ"攻击机，法国的"阵风"M 战斗机、俄罗斯的 Su-33"海侧卫"战斗机和 Su-25"蛙足"攻击机，巴西的 A-4"天鹰"攻击机（由美国制造）。目前，美英等国正计划装备新一代的 F-35"闪电Ⅱ"战斗机，该机为第五代战斗机，拥有隐身与垂直/短距起降的能力，其 C 型与 B 型将分别取代"大黄蜂"和"海鹞"系列。俄罗斯计划在未来以 MiG-29K 取代现在的 Su-33，印度海军也有意采用前者作为新式舰载机。

美国海军 F/A-18F "超级大黄蜂"战斗/攻击机

美国海军 F-35C 战斗机在"尼米兹"级航空母舰上进行起降试验

第 2 章　航空母舰战斗群的核心

法国海军使用的"阵风"M战斗机

俄罗斯海军使用的Su-33"海侧卫"战斗机

其他舰载机，如直升机、无人机、反潜机、预警机、电子战飞机、运输机等，多为辅助或反潜用。目前，固定翼的预警机仅有 E-2 "鹰眼"空中预警机，由美国和法国航空母舰使用。一般来说，舰载直升机负责反潜、搜索、中程制导、运输和救援的任务，但不足以肩负对敌军战斗机或导弹的拦截行动，远程打击能力也不足，作为预警机的能力也不如固定翼的飞机。与陆基直升机相比，舰载直升机有着体积更小、重量更轻，旋翼与尾梁为折叠式等特点，有些舰载直升机甚至能于水面起降。目前，世界各国航空母舰上最常见的舰载直升机包括SH-60 "海鹰"、SH-3 "海王"、Ka-27 "蜗牛"等。

美国海军"华盛顿"号航空母舰上的E-2"鹰眼"预警机

美国海军 EA-18G 电子战飞机弹射起飞

美国海军 C-2 "灰狗" 运输机在空中飞行

美国海军 SH-60 "海鹰" 直升机正在执行任务

俄罗斯海军使用的 Ka-27 "蜗牛" 直升机

第 2 章　航空母舰战斗群的核心

2.3.3 | 舰载机的停放

舰载机在航空母舰上的停放区域主要有两处：一是航空母舰最上层的飞行甲板上；二是航空母舰甲板下面的机库中。为了减小舰载机的占用空间，提高航空母舰甲板利用率，大多数舰载机的机翼都是可以折叠的，美国海军的 E-2C 预警机不仅能够折叠机翼，其背部的圆形雷达天线也能向下移动，以便降低高度安全移入机库内存放。

一般情况下，现代大型航空母舰平时可以将一半左右的舰载机停放在飞行甲板的停机区，随时准备起飞。以美国海军"尼米兹"级航空母舰为例，在舰桥前可停放 26 架舰载机，舰桥左前可停放 12 架舰载机，斜角甲板左舷后突出部可停放 6～7 架舰载机。弹射起飞时和拦阻回收时舰载机停放的区域并不一样，但停放舰载机的总数都是 45 架左右，约占舰载机飞行联队飞机总数的 40%～50%。这个停放数量决定了航空母舰一次起飞和回收舰载机数量的上限，同时也决定了一个攻击波次最多能够出动的舰载机的数量。

> 📢 TIPS:
> 为了在空间有限的飞行甲板上安排出能够供 20 架舰载机使用并分布合理的停放场地，法国海军"戴高乐"号航空母舰不得不将 2 部弹射器分布列置在舰首和斜角甲板靠左舷处，牺牲了航空母舰同时起飞和降落舰载机的某些性能。

大型航空母舰约有一半左右的舰载机停放在机库里，其中包括需要维修处理或暂时不需要执行任务的舰载机。而小型航空母舰由于其飞行甲板狭窄，几乎大部分舰载机都需要停放在机库里。

美国海军"尼米兹"级航空母舰飞行甲板上停放的各式舰载机

美国海军"罗斯福"号航空母舰飞行甲板上停放的各式舰载机

美国海军"尼米兹"级航空母舰机库内停放的各式舰载机

2.4 航空母舰的人员

2.4.1 编制人数

二战前，航空母舰基本是水面舰艇和滑翔式飞机的简单组合体，没有更

第 2 章　航空母舰战斗群的核心

多的辅助结构和功能需求，因而其人员组成基本上也就是水面舰艇各部门的工作人员加上少量飞行相关人员，其数量一般有几百名。二战中，美国、英国、日本等国建造了大量的航空母舰，但此时的航空母舰都是急于投入战场的，在技术和设计思想上没有根本的改变，只是在功能划分上更为具体细致一些。因此，二战中的航空母舰虽然排水量各有不同，但其官兵数量却基本在 1000 人左右，鲜有超过 2000 人的。

二战后，日本不能再研制航空母舰，英国也由于国力衰弱而难以大规模发展航空母舰，苏联则因为战略思想的转变而使航空母舰迟迟未能露面，只有美国倾力发展航空母舰，故而二战后的航空母舰发展史也就是美国的航空母舰发展史。美国的航空母舰基本代表了世界航空母舰技术与战术应用的最前沿。

从 20 世纪 50 年代起，美国制造的航空母舰的满载排水量就已经达到 80 000 吨，加上战后对航空母舰作战使用经验教训的梳理，各种平台设施的再调整，各部门任务上的再区分，其航空母舰的人员组成基本具备了现代航空母舰的编制特点，人员数量也接近现代航空母舰。如 20 世纪 50 年代服役的"福莱斯特"级航空母舰，其舰上人员已达 2900 人，加上航空人员 2279 人，总数已超过 5000 人。目前，美国海军现役的"尼米兹"级航空母舰的舰员编制人数为 3200 人，航空联队编制人数为 2480 人。

法国"戴高乐"号航空母舰是世界上除美国外唯一的 1 艘核动力航空母舰，其编制人数为 1950 人，包括舰员 1350 人，航空联队 600 人。另外，该舰还具备接收 800 人临时在舰上生活 30 天的能力。俄罗斯"库兹涅佐夫"号航空母舰有 1960 名舰员，626 名飞行人员和 40 名旗舰军官，总计 2626 人。

其他国家的小型航空母舰的编制人数相对较少，如意大利"加里波第"号航空母舰有 780 人（舰员 550 人，航空联队 230 人）、"加富尔"号航空母舰有 654 人（舰员 451 人，航空联队 203 人），印度"维拉特"号航空母舰有 1350 人，巴西"圣保罗"号航空母舰有 1338 人，泰国"查克里·纳吕贝特"号航空母舰有 455 人（舰员 309 人，航空联队 146 人）。

航母战斗群作战指南

美国"尼米兹"级航空母舰的舰员在飞行甲板上列队

2.4.2 重要人员

☞ 舰长

舰长是航空母舰的最高长官,全面负责本舰的安全、福利和任务的圆满执行等。在实际工作中,舰长通常是把职责分派给副舰长、部门长和总值班军官,由他们具体落实到舰员。副舰长是舰长的代理人和左右手,其主要职责是:主持航空母舰的日常工作,负责保持舰上秩序和指挥所的纪律,必要时代理舰长行使指挥航空母舰的职责。作战时,航空母舰舰长归航空母舰战斗群司令指挥。

美国航空母舰舰长和副舰长的军阶为上校军衔,这两种职务的人选要求很高,选拔条件和手续也很严格。美国国会早在 1925 年和 1926 年就先后两次通过法令规定,航空母舰舰长和副舰长必须由当过海军飞行员或海军空勤军官的指挥官担任。根据国会的法令,美国海军又对选拔航空母舰舰长、副舰长作了如下具体规定:只有在舰上驾机起降过 800~1200 次,有

第 2 章 航空母舰战斗群的核心

4000～6000小时飞行记录,并担任过飞行中队长或航空联队长职务的优秀指挥军官,才有资格担任舰长或副舰长。美国海军对核动力航空母舰舰长的挑选条件更为严格,核动力航空母舰舰长在任职前,首先要担任飞行中队副中队长职务以上30～36个月,并进行16个月的核技术学习,再到核动力航空母舰上担任2～3年负责作战和行政事务的军官职务。

舰长一般从副舰长中挑选,而副舰长一般从航空母舰的部门长或其他大型载机舰长官中提拔。美国海军每年提出5～10名航空母舰舰长的候选人,这些候选人首先必须参加操作规则、飞行、海军技术、航空母舰、舰载武器性能等科目的考试,考试成绩合格后,还需要经过1～3年的专业培训和实习,才能在缺额的情况下,按严格程序被任命为舰长。美国航空母舰舰长均授予海军上校军衔,优秀的航空母舰舰长将被提拔为航空母舰编队指挥员,授予海军少将军衔。

与美国不同,英国海军挑选航空母舰舰长的规则是从现役的驱逐舰舰长中,按"三选一"的比例经培训后产生。在2年的培训期里,如果发现候选人不胜任或本人不愿继续培训,便会淘汰1人,从剩下的2人中继续选拔。这种制度也可以防止有人发生意外事故或患重病而出现断档的情况。英国航空母舰舰长在任期结束后一般都会被任命为舰队司令部高级军官甚至海军副参谋长。

美国海军现役航空母舰打击群一览(美国将航空母舰战斗群命名为航空母舰打击群)			
编号	现任航空母舰	舰载机联队	驱逐舰中队
第1航空母舰打击群	"卡尔·文森"号	第17舰载机联队	第1驱逐舰中队
第2航空母舰打击群	"布什"号	第8舰载机联队	第22驱逐舰中队
第3航空母舰打击群	"斯坦尼斯"号	第9舰载机联队	第21驱逐舰中队
第5航空母舰打击群	"里根"号	第5舰载机联队	第15驱逐舰中队
第8航空母舰打击群	"艾森豪威尔"号	第7舰载机联队	第28驱逐舰中队
第9航空母舰打击群	"华盛顿"号	第2舰载机联队	第9驱逐舰中队
第10航空母舰打击群	"杜鲁门"号	第3舰载机联队	第26驱逐舰中队
第11航空母舰打击群	"尼米兹"号	第11舰载机联队	第23驱逐舰中队
第12航空母舰打击群	"罗斯福"号	第1舰载机联队	第2驱逐舰中队

美国海军现役航空母舰打击群的标志

美国海军第2航空母舰打击群现任
司令布莱恩·卢瑟

美国海军"布什"号航空母舰现任
舰长奇普·米勒

第 2 章　航空母舰战斗群的核心

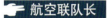航空联队长

　　航空联队长是美国海军对舰载机联队指挥官的称谓。航空联队长和航空部门长是两个不同的概念，航空部门长是设置在航空母舰上的一个部门指挥官，受航空母舰舰长指挥。而航空联队长是受航空母舰编队指挥员直接指挥的，管辖数个航空中队的航空作战指挥官。航空联队长与航空母舰舰长的关系较为特殊，当航空联队驻扎在岸上时，航空联队与航空母舰是两个不同的兵种，互不牵制。当参加训练或执行任务随舰活动时，航空联队长在行政上却又接受航空母舰舰长的领导。然而在作战关系上，航空联队长却直接受航空母舰战斗群司令的指挥，和航空母舰舰长是一种平行的关系。

　　美国海军每艘航空母舰上通常搭载 1 个舰载机联队，每个联队通常由 8～10 个飞行中队组成。有 9～10 个不同机种，能够分别执行反舰、反潜、防空、对陆攻击等作战任务。航空联队长为海军上校军衔，负责联队的作战、情报、通令、战备、训练等工作，战时负责制订空袭作战计划、组织各飞行中队的战斗行动，并对各飞行中队的战斗行动进行战术协调与控制。航空联队长一般从中队长当中提拔，年龄为 35～40 岁。对航空联队长工作能力的要求主要是在实际飞行领导艺术方面，另外要求他们拥有航空联队里 2～3 个机种的飞行证书，接受的晋升训练是在飞行战术学校学习 2 周。

　　与美国海军不同，法国海军的航空母舰编队既是作战编组，也是行政编组，"戴高乐"号航空母舰上的航空联队长兼任航空母舰副舰长，在岸上则是航空大队长。

美国海军现役舰载机联队的标志

美国海军第 8 舰载机联队举行航空联队长换届交接仪式

  航空母舰可以不装导弹，也可以不装火炮，但是绝对不能没有舰载机。舰载机是其战斗力的核心，而要想发挥出舰载机的最佳性能，很大程度上要看舰载机飞行员。在拥有航空母舰的国家中，舰载机飞行员始终是航空母舰培训体系中的重中之重。由于在舰上起飞和降落都有特殊要求，而且舰载机的任务也更为多样化，所以舰载机飞行员的培养和训练要远比陆基飞行员复杂得多。

第 2 章　航空母舰战斗群的核心

美国海军航空母舰的舰载机飞行员主要来自位于佛罗里达州的海军航空学院和海军航空兵军官候补生学校。学员首先要接受海军航空兵的知识教育和地面训练，包括基本军事科目、航空基础理论、海上求生与自救等。预训结束后，学员将被派往海军训练航空联队（训练中队）接受初级飞行训练、基础飞行训练和高级飞行训练，全部课程通过者才有可能成为一名航空母舰舰载机飞行员。

俄罗斯的培养模式与美国略有不同。苏联解体后，俄罗斯海军仅剩下 1 所埃斯克海军飞行学校，目前暂时租用乌克兰境内的"尼特卡"海军飞行训练中心作为舰载机飞行员的训练基地。"尼特卡"训练中心主要培养飞行员在航空母舰甲板上的起降技术，拥有包括模拟航空母舰甲板、滑降航迹定位器、无线电信标，以及光学助降系统等在内的全套航空母舰训练系统。

正在进行模拟训练的舰载机飞行员

航母战斗群作战指南

美国海军舰载机飞行员

勤务人员

勤务人员主要是指航空母舰地面作业人员,其主要工作是保障舰载机在甲板上顺利起降。美国海军航空母舰上飞行甲板上的作业人员多达千余人。为了在舰载机起降过程中便于组织,他们主要以所穿的工作服和所戴的头盔颜色作为区别标志,工作服和救生背心上还要标上各自的职衔和编号。在工作中,勤务人员需要付出相当大的努力,而且还要冒着相当大的风险。他们工作条件比较艰苦、危险,经常在喷气式发动机巨大的噪声、猛烈的海风、高温、雨雪等恶劣条件下执行战斗保障任务,而且还有被飞机起飞时的喷气式气流抛入海中或吸进入口喷管的危险。

美国海军在航空母舰长期出海和战斗值勤过程中,形成了一系列航空母舰类战舰特有的海军文化和行为方式。由于战斗环境中的噪声较大,有时可达 135~140 分贝,所以勤务人员经常使用独特的手势和标志,逐渐形成了美国海军舰载航空兵特定的手语,其中向飞行员做出的一些手语信号,形式上非常复杂,有时就像舞蹈一样难以顺利掌握。

在保障战机顺利起飞方面,飞机弹射官的任务最艰巨,责任也最重大。

第 2 章　航空母舰战斗群的核心

他要负责监督完成战机起飞前的所有准备工作,之后与机组人员互致军人的祝福,还要在飞机起飞前再次检查飞机和弹射轨道,再次确认飞机已准确引导在了弹射轨道中轴线上,蒸汽弹射器的压力符合飞机起飞重量,襟翼调整到了必需的角度,弹射轨道上没有障碍,蒸汽导流槽升起。然后,飞机弹射官开始采取一种简短的、独特的姿势下达起飞命令:侧屈腿,食指和中指指向飞机起飞方向,其余手指握拳,脸背对起飞方向。这是美国海军航空母舰上最典型的特定手势,弹射器操纵员在接到这一手语指令后,会按下发射按钮,将舰载机弹射起飞。

飞机弹射官正在进行安全检查

美国海军航空母舰勤务人员的经典"射手"手势

航母战斗群作战指南

使用手语的美国海军勤务人员

美国海军勤务人员使用手语指挥升降机运作

第 2 章 航空母舰战斗群的核心

美国海军舰载机飞行员通过手语与勤务人员交流

美国海军勤务人员在夜间使用灯光引导舰载机

美国海军航空母舰勤务人员一览			
人员	头盔颜色	工作服颜色	符号（胸/背）
飞机移动和轮挡员	蓝色	蓝色	人员编号
飞机移动和起飞操纵员	黄色	黄色	职衔、人员编号
拦阻装置操作员	绿色	绿色	A
航空燃料员	紫色	紫色	F
货物装卸员	白色	绿色	SUPPLY/POSTAL
飞机弹射官	绿色	黄色	职衔
弹射器操纵员	绿色	绿色	C
弹射器安全观察员	绿色	红色	职衔
飞机失事救护员	红色	红色	失事/救护
升降机操作员	白色	蓝色	E
爆炸物处理员	红色	红色	黑色（EOD）
支援设备故障排除员	绿色	绿色	GSE
直升机降落信号兵	红色	绿色	H
直升机飞行器材检查员	红色	褐色	H
解钩兵	绿色	绿色	A
飞机降落指挥官	无	白色	LOS
外场机械军士长	绿色	褐色	中队符号和Maint-COP
维修军士长	绿色	绿色	中队符号和Maint-COP
质量检查军士长	褐色	绿色	中队符号和QA
飞机检修军士长	绿色	绿色	黑白交替图案和中队符号
液氧员	白色	白色	LOX
维修人员	绿色	绿色	黑色条带和中队符号
医务人员	白色	白色	红十字
传令员	白色	蓝色	T
军械员	红色	红色	黑色条带和中队符号
摄影师	绿色	绿色	P
飞行器材检查员	褐色	褐色	中队符号
安全员	白色	白色	SAFETY
垂直补给协调员	白色	绿色	SUPPLY COORDINATOR
牵引车司机	蓝色	蓝色	牵引车
转移军官	白色	白色	TRANSFER OFFICER

第 2 章　航空母舰战斗群的核心

航空燃料员正在为舰载机加油

飞机移动和起飞操纵员正在引导舰载机

弹射器操纵员正将弹射杆固定在滑块中

军械员正在运送舰载机的弹药

2.5 世界现役和在建航空母舰

世界各国现役航空母舰一览

所属国家	舰名	舷号	动力类型	服役时间
美国	"尼米兹"号	CVN-68	核动力	1975年5月3日
美国	"艾森豪威尔"号	CVN-69	核动力	1977年10月18日
美国	"卡尔·文森"号	CVN-70	核动力	1982年3月13日
美国	"罗斯福"号	CVN-71	核动力	1986年10月25日
美国	"林肯"号	CVN-72	核动力	1989年11月11日
美国	"华盛顿"号	CVN-73	核动力	1992年7月4日
美国	"斯坦尼斯"号	CVN-74	核动力	1995年12月9日
美国	"杜鲁门"号	CVN-75	核动力	1998年7月25日
美国	"里根"号	CVN-76	核动力	2003年7月12日
美国	"布什"号	CVN-77	核动力	2009年1月10日
法国	"戴高乐"号	R91	核动力	2001年5月18日
俄罗斯	"库兹涅佐夫"号	063	常规动力	1991年1月21日
意大利	"加里波第"号	551	常规动力	1985年9月30日
意大利	"加富尔"号	550	常规动力	2008年3月27日
印度	"维兰玛迪雅"号	R33	常规动力	2013年11月16日
巴西	"圣保罗"号	A12	常规动力	2000年11月15日
泰国	"查克里·纳吕贝特"号	CVH-911	常规动力	1997年8月10日

第 2 章　航空母舰战斗群的核心

俄罗斯"库兹涅佐夫"号航空母舰

意大利"加富尔"号航空母舰

印度"维兰玛迪雅"号航空母舰

世界各国在建航空母舰一览				
所属国家	舰名	舷号	动力类型	服役时间
美国	"福特"号	CVN-78	核动力	2017年（计划）
美国	"肯尼迪"号	CVN-79	核动力	2020年（计划）
美国	"企业"号	CVN-80	核动力	2025年（计划）
英国	"伊丽莎白女王"号	R08	常规动力	2017年（计划）
英国	"威尔士亲王"号	R09	常规动力	2020年（计划）
印度	"维克兰特"号	R44	常规动力	2018年（计划）

海试中的美国"福特"号航空母舰

建造中的英国"伊丽莎白女王"号航空母舰

建造中的印度"维克兰特"号航空母舰

第 3 章

对陆攻击指南

　　20 世纪末到 21 世纪初的几场局部战争表明,对陆攻击已成为航空母舰战斗群主要的作战样式之一。美国海军甚至认为:"目前海军对国家的贡献取决于海军是否从海上对陆地产生影响。"本章主要介绍航空母舰战斗群在对陆攻击时的战术、攻击方式及弱点。

3.1 对陆攻击概述

3.1.1 对陆攻击的优势

二战以前，航空母舰处于早期发展阶段，在战争中发挥的作用并不大。到了二战时期，航空母舰被广泛运用，尤其是在太平洋战争中起了决定性作用。从日本航空母舰偷袭珍珠港，到双方舰队自始至终没有见面的珊瑚海海战，再到运用航空母舰编队进行海上决战的中途岛海战，航空母舰逐步取代战列舰成为现代远洋舰队的主干。不过，航空母舰战斗群在二战中主要承担对海作战任务，即以歼灭敌方海上作战兵力为主，很少承担对陆上目标实施打击的任务。

二战后，人类没有再发生大规模世界性战争，但局部战争和军事冲突时有发生。这一时期，拥有大量航空母舰战斗群并经常将其投入实战的只有美国，而航空母舰战斗群的主要作战任务也有很大变化。美国航空母舰战斗群进行对岸进攻作战的行动越来越多，而单纯用于在海上夺取制空权、制海权进行舰队决战的情况则很少发生。

据统计，自 1964 年以来，美国在世界各地以武力进行干预的突发事件达 200 多起，其中运用海军兵力的就占了 2/3 以上，而其中大部分行动都有航空母舰战斗群的参与。美国前总统克林顿曾表示："当'危机'这个词在华盛顿出现的时候，无疑每个人要说的第一句话就是最近的航空母舰在什么地方？"这句话被当作"经典"不断地被引用，充分说明了航空母舰战斗群在美国人心目中的重要地位、作用及对其依赖程度。

在 20 世纪 50～60 年代的局部战争中，美国航空母舰战斗群均参与了对陆攻击行动。而在 80 年代的空袭利比亚作战以及 90 年代初的海湾战争中，美国航空母舰战斗群对陆攻击行动的规模和次数大大超过了对海攻击行动。

第 3 章 对陆攻击指南

苏联解体后,美国海军的战略发生了很大变化,从过去的"在海上进行蓝水作战"变为"由海上进行近海的绿水作战",即"由海到岸"的海军对岸作战。在 21 世纪初的阿富汗战争和伊拉克战争中,美国航空母舰战斗群的对陆攻击行动次数更多、效果更加明显。

毫无疑问,航空母舰战斗群已成为美国对付地区性冲突,实施威慑、海空封锁和"外科手术式打击"等作战行动的重要兵力。在当今信息化条件下,航空母舰战斗群是美国海军对陆攻击作战的主要力量。这是因为空军受到地理和政治等方面因素的制约,航空基地不一定能够适应在全球各地实施对岸作战的需要。而航空母舰战斗群具有强大的空中突击能力,在对陆攻击过程中,能够在海上自由行动和任意选择攻击位置。航空母舰为空中兵力提供了一个机动能力强、突击威力大、作战灵活性好的海上平台,可以迅速在最需要的海域集结攻击力量,对岸进行威力强大的空中突袭和支援作战。因此,今后一段时期内,美国海军航空母舰战斗群仍会是对陆上目标实施打击的先锋和中坚力量。

阿富汗战争中美国海军 F/A-18"大黄蜂"战斗 / 攻击机进行空中加油

航母战斗群作战指南

阿富汗战争中从"华盛顿"号航空母舰上起飞的 F/A-18"大黄蜂"战斗/攻击机

在阿富汗境内飞行的 F/A-18"大黄蜂"战斗/攻击机

第 3 章　对陆攻击指南

美国海军"布什"号航空母舰参加空袭叙利亚极端组织

美国海军第 14 舰载机联队在"卡尔·文森"号航空母舰上空飞行

法国海军"阵风"M战斗机起飞

满载武器的"阵风"M战斗机

3.1.2 | 对陆攻击的目标

航空母舰战斗群实施对陆攻击时，首先面临的问题就是选择攻击目标。选择攻击目标直接关系到战役目的乃至战略企图的实现，同时还是控制战争强度、规模和进程的有效手段。因此，在选择目标的时候必须十分谨慎与细心。面对数量众多、功能各异的陆地目标，航空母舰战斗群要如何选择？以美国海军为例，航空母舰战斗群主要通过"五环重心"理论来选择对陆攻击的目标。

1988年，当时任美国空军司令部主管计划与作战的副参谋长助理约翰•沃登上校，出版了一本小册子——《空中战役（制订计划准备战斗）》。之后，约翰•沃登又在美国《空军杂志》发表了一篇名为《把敌人作为一个系统来打击》的文章，由此形成了对美军和西方军队颇具影响的"五环重心"理论。按照这一理论，约翰•沃登主持了1991年海湾战争中"沙漠风暴"进攻性空中战役计划的制订。科索沃战争结束后，美国空军最高指挥当局充分肯定了约翰•沃登的"五环重心"理论，并在其2000年1月22日颁发的《空中作战纲要》中，正式将"五环重心"理论定为空袭目标选择的基本理论依据。

约翰•沃登

所谓"五环重心"理论,就是用五个同心环分别代表五类不同的目标及其相互关系,具体说明如下。

第一层 指挥控制环

这一环内的目标是敌方的领导人及其与外界联系的指挥控制通信系统。抓住或者消灭敌方的领导人可使敌方丧失斗志;摧毁或者破坏敌方的指挥控制系统,可使敌方丧失战斗力。如果不可能做到这两点,则可通过摧毁外围环节来迫使敌方领导人屈服。

第二层 生产设施环

生产设施是国家正常运转所必需的,尤其是工业化国家,对电力和石油产品的依赖极强。倘若一个国家的基本生产设施被摧毁,不仅该国民众的生活会变得十分困难,该国军队的现代化武器装备也将失去作用。

第三层 基础设施环

这一环主要包括敌方的运输系统,如铁路、公路、桥梁、机场、港口等。约翰·沃登认为,敌方如果不能够进行有效的运输,则国家的运转速度会马上降低,防御能力也将明显削弱。

第四层 民众环

通过给对民众造成伤亡,造成敌人斗志崩溃,进而赢得战争的胜利。但是,由于攻击民众常常遭到国际舆论的强烈谴责,所以要尽可能避免此类行为。

第五层 野战部队环

约翰·沃登认为,尽管军队是实现战争目的的主要工具,它的主要功能是保卫己方或者威胁敌方的各个环。但这并不是说不需要考虑如何打败敌人的军队,因为在很多情况下,只有重创敌人的野战部队,才能使内环也就是指挥控制环丧失坚硬"外壳"的保护。

第3章 对陆攻击指南

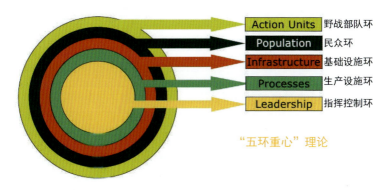

"五环重心"理论

显然,"五环重心"理论的主要观点可以归纳为以下几点:一是破坏敌方指挥控制环,迫使敌方领导层屈服,以达成己方战争目的为目标,而不以消灭其军事力量为目的;二是在难以打击指挥控制环的目标时,要围绕打击指挥控制环的目标的需要,打击与该环密切相关的其他四个环内的目标;三是对其他环的目标的打击,应以该目标对指挥控制环的影响程度来排序。野战部队虽处于"五环重心"理论的最外一环,但野战部队抗击力强弱对领导层的决心影响极大。因此,有时野战部队也被优先考虑,作为重点攻击的目标。

在对陆攻击行动之前,美国海军航空母舰战斗群会根据"五环重心"理论对空袭目标进行精心选择。美国海军会邀请目标技术专家,专门分析通过各种渠道获取的目标情报和资料,对预定打击的重要目标进行反复精选、分类,并依据作战任务和意图制订火力计划;在空袭过程中,还不断根据战局的发展,扩大目标打击范围和打击目标的种类。领导机构与指挥控制系统是国家的中枢,是组织有效抗击的前提,包括被空袭国家及军事有关部门的指挥机构,关键的指挥、控制、通信和情报系统,甚至包括国家和军队重要领导人的住所或办公设施,它们都是美国海军空袭的重点目标。美国海军把这些与领导机构和指挥控制系统相关的目标放在空袭作战的核心位置上。其他四类攻击目标主要是军事生产设施、支援设施、交通运输系统、战场地面目标。其中,军事生产设施和支援设施包括军工生产、电力和能源生产系统及其储备设施。对这些目标攻击的主要目的是瘫痪敌方的战争潜力,破坏其持续作战能力。因此,这些目标也是美国海军战略攻击和空中遮断的重要目标。

交通运输系统是一个国家的重要基础设施,在"五环重心"理论中属于"基础设施环",是美国海军战略攻击和空中遮断的重要目标。

在伊拉克战争和阿富汗战争中,美国海军航空母舰战斗群在选择空袭目标时都应用了"五环重心"理论。1990年伊拉克入侵科威特后,美国海军很快制订了对伊拉克实施空袭的"迅雷"作战计划。该计划分为四个阶段:第一阶段对伊拉克进行战略空袭;第二阶段打击科威特战区的伊拉克空军主力;第三阶段消灭伊拉克共和国卫队和孤立科威特战区;第四阶段把伊拉克部队驱逐出科威特。随后,美国海军以此为基础确定了必须优先打击的目标群。即:指挥设施,发电设施,电信和C3I系统,一体化的战略防空系统,空军部队及机场,核生化武器研究机构和生产、存储设施,飞毛腿发射架与生产、存储设施,舰艇部队及军港,石油提炼和运输设施,铁路和桥梁,伊拉克陆军部队,军用仓库和军工厂等。在随后的空袭作战中,美国海军航空母舰战斗群起飞攻击机、发射巡航导弹对预先选定的目标实施了一系列空袭行动。

美国前总统小布什在"林肯"号航空母舰上宣布伊拉克战争的主要战斗结束

第3章　对陆攻击指南

伊拉克北部城市摩苏尔遭到美国航空母舰战斗群的空袭

伊拉克巴格达的重要目标遭到美国航空母舰战斗群的空袭

在阿富汗战争中，美国海军空袭作战目标总体包括为五个方面。一是突击防空体系，即首先打击的是ZU-23-2自行高射炮阵地、100毫米高射炮阵地和"毒刺"地对空导弹阵地，同时突击了以Su-22战斗轰炸机为主体的巴格拉姆机场等；二是打击指挥控制系统，主要包括指挥控制中心、通信中心和政府首脑机关等；三是打击作战部队；四是对电力系统和战争储备资源进行打击；五是对交通运输系统进行破坏。在此次空袭作战中，美国海军航空母舰战斗群的舰载机破坏性地轰炸了阿富汗最大的水电站和相应的输电设施。

美国海军 F-35C 战斗机与 F/A-18 战斗 / 攻击机正在进行对陆攻击训练

3.2 对陆攻击的战术

3.2.1 阵位选择

　　所谓阵位，是指舰艇使用武器攻击目标时所占领的位置。舰艇通过观察和战术机动抢占有利攻击阵位，是战胜敌人的重要条件。在帆船时代，占领了上风的位置就有了主动权。在以舰炮为主要武器的蒸汽舰时代，抢占有利

第 3 章　对陆攻击指南

的攻击阵位是水面舰艇战术机动的主要内容。鱼雷武器出现后，潜艇和水面舰艇使用鱼雷的攻击阵位，要求敌方舷角能保证鱼雷有较大的命中概率，距离在鱼雷有效射程以内，己方舷角则根据鱼雷发射器的安装情况确定。使用火箭助推深水炸弹攻潜时，根据火箭射程和水面舰艇与潜艇的航速比确定。在组织舰艇群协同攻击时，还要求划分各突击群的攻击阵位。

随着科学技术的发展，舰艇普遍装有自动化计算装置和自动跟踪瞄准系统。鱼雷、导弹都具有较远的射程和自动导向目标的能力。使用武器的要求是在远距离上先发制人，阵位诸要素的作用发生了变化，攻击距离成为主要要素，而目标的方位或舷角已无大的影响。航空母舰战斗群进行对陆攻击作战时，通常需要在与被突击目标区域保持一定距离的作战海区选择某一阵位，即航空母舰战斗群对陆攻击阵位。

航空母舰战斗群在选择对陆攻击阵位时，需要重点考虑两个方面的因素：一是进攻因素，要求被攻击目标位于航空母舰战斗群突击兵力的作战半径之内；二是防御因素，要求在这一距离上航空母舰战斗群受敌方威胁较小。因此，在确定航空母舰战斗群实施对陆攻击作战的攻击范围时，除重点考虑其突击武器装备本身的性能之外，还需同时考虑航空母舰战斗群自身的安全因素。

以美国航空母舰战斗群为例，美国航空母舰由母港或锚地出发后，与战斗群其余兵力会合编队完毕并航渡到综合作战海区，在实施对陆攻击作战前驶抵前沿的对陆攻击阵位。对陆攻击阵位随着作战对象及海区的不同而有所变化，一般选择在距海岸 185～275 千米的阵位上，以便在对岸基目标实施攻击时使航空母舰在攻击点调整、舰载机飞行航线选择方面具有更大的灵活性。这样在提高了对陆攻击行动突然性和成功率的同时，又能够增加航空母舰阵位的瞬间不确定性，以保证航空母舰战斗群自身的安全。当敌方不具备对海作战能力时，美国航空母舰战斗群的攻击阵位离陆地的距离会更近，往往只有数十千米。这样不仅增加了舰载机的携弹量，而且使其能够进一步深入腹地和扩大供给地域。

正因为如此精心确定航空母舰战斗群实施对陆攻击作战时的打击阵位，所以，自二战以来美国海军航空母舰战斗群几乎参与了美国介入或发动的所

航母战斗群作战指南

有主要军事行动或局部战争,但至今尚未出现美国海军航空母舰被敌方岸基飞机击毁击伤的战例。

> **TIPS:**
>
> 在1991年的海湾战争期间,美国海军有6艘航空母舰参加了对伊作战,其作战阵位分别设在地中海、红海、北阿拉伯海、阿曼湾和波斯湾,对伊科战场形成环形之势,阵位距伊科战场近处为200千米,远处则达1000千米,全部在航空母舰攻击机的作战半径之内。

美国海军"尼米兹"号航空母舰离开圣迭戈军港

美国海军"里根"号航空母舰在珍珠港

第 3 章　对陆攻击指南

美国海军"里根"号航空母舰战斗群在印度洋中航行

美国海军"卡尔·文森"号航空母舰战斗群在太平洋中航行

3.2.2 分工协作

航空母舰战斗群在执行攻击任务时，自身的防御工作也不可松懈。在对陆攻击作战过程中，航空母舰战斗群中的各参与兵力需要各司其职、密切协同，才能确保突击兵力顺利完成对陆攻击作战任务。以美国航空母舰战斗群为例，其编成并不固定，根据作战需要，舰艇数量也会相应地增加，组成多航空母舰战斗群或是由多个航空母舰战斗群组成特混编队。舰载机与护航的巡洋舰、驱逐舰、护卫舰、潜艇组成了以航空母舰为核心的战斗群，共同建立了大纵深、多层次、火力集中的攻防体系。

F/A-18"大黄蜂"战斗/攻击机在航空母舰上空飞行

为了更直观地了解航空母舰战斗群各兵力在对陆攻击作战时的分工协作，不妨看看美国航空母舰战斗群在伊拉克战争中的作战行动。在持续44天的战争中，美国航空母舰战斗群共进行了4次较大的作战行动，即"斩首"作战行动、"震慑"作战行动、"切断蛇头"作战行动、支援地面作战行动。在这些作战行动中，各兵力有较为明确的分工。分工的主要依据是作战意图、打击目标及各兵力的性能特点和作战能力。

"斩首"作战行动

与以往惯用的方法不同，美英联军在伊拉克战争初期并没有进行夺取制空权的大规模轰炸。在2003年3月20日10时34分开始的首轮空袭中，美国海军航空母舰战斗群中的驱逐舰仅发射了45枚巡航导弹，对位于巴格达郊外的伊拉克领导人地下隐蔽所、萨达姆住宅及其亲属和高级助手的住地进行了突然的"斩首"攻击，企图一举除掉萨达姆，打乱和瘫痪伊军指挥体

第3章 对陆攻击指南

系，使对方处于群龙无首的状态，缩短战争进程。不过，此举并未达到作战目的。

美国海军"提康德罗加"级巡洋舰发射"战斧"巡航导弹

"震慑"作战行动

2003年3月22日，美英空中力量突然开始对伊拉克实施猛烈空袭，轰炸的主要地区是巴格达。在"震慑"作战行动中，美国海军从5艘航空母舰上出动舰载机集中对萨达姆的官邸、指挥中心、政府主要部门等目标进行了"饱和轰炸"。24小时之内，美国海军航空母舰战斗群就出动了近千架次的舰载机，发射了500多枚"战斧"巡航导弹。

"震慑"作战行动的目的就是在"斩首"作战行动未获成功后，企图通过突然的大规模轰炸，对整个伊拉克"造成立即失去抵抗能力的震慑效果"，并以此瓦解伊拉克军队的抵抗意志，从而达到在战争初期就能实现速战速决的目的。

"切断蛇头"作战行动

"切断蛇头"作战行动主要是通过精确轰炸摧毁伊拉克的通信指挥系

统,彻底切断萨达姆与军队的联系。2003年3月28日,美国空军的B-2隐形轰炸机向伊拉克国家通信中心大楼投放了重达2.2吨的GBU-28钻地炸弹。2003年3月30日,巴格达邮电通信大楼和一个通信中心被摧毁。另外,作为"切断蛇头"作战行动的一部分,美国把伊拉克电视台的发射器作为打击目标。2003年3月26日,美军向巴格达电视台发射了电磁脉冲炸弹,致使电视台信号中断。

美国空军B-2隐形轰炸机配合美国海军航空母舰战斗群作战

支援地面作战行动

伊拉克战争与前几次战争最大的不同就是在开战第二天就开始了地面作战行动。因此,美英空中力量在开战之初就将支援地面作战作为重要的作战任务。正是在空中力量的掩护、支援下,美军地面部队才得以快速向巴格达推进,并于2003年3月22日,也就是开战之后的第三天就推进到巴格达以南的纳杰夫、纳西里耶一线。但在此后,美军遇到了伊拉克军队的阻击,在卡尔巴拉、纳杰夫、纳西里耶、库特等地与伊军形成了对峙局面。

在这种情况下,美军空中力量迅速调整了战略,从2003年3月25日开始,空中打击的重点转向伊军地面部队,同时对美英地面部队的作战行动提供近距空中支援。从2003年3月29日开始,美军空中力量80%的轰炸是针对环巴格达的3个共和国卫队师的阵地,其中有60%的轰炸主要用来打击巴格达

第 3 章　对陆攻击指南

南郊的共和国卫队麦地那师的阵地。在空中力量的支援下，美国地面部队直取巴格达国际机场，挺进到巴格达市中心广场。

伊拉克战争中的美军地面部队

3.2.3 情报支持

在进行对陆攻击作战时,航空母舰战斗群离不开舰载预警机、无人机、卫星等设施提供的情报支持。随着联合作战的不断深入,空军和陆军均可通过 C4ISR 系统协同航空母舰战斗群实施攻击。当侦察卫星和侦察机等侦察设备发现敌方目标后,迅速将情报信息传送给航空母舰指挥控制中心,由其指挥舰载武器实施攻击。

> **TIPS:**
>
> C4ISR 是指挥、控制、通信、计算机、情报及监视与侦察的英文单词的缩写。C4ISR 系统是美军最新的指挥自动化系统,堪称美国军队的神经中枢。20 世纪 50 年代,指挥自动化被称为 C2(指挥与控制)系统。60 年代,随着通信技术的发展,在系统中加上"通信",形成 C3(指挥、控制、通信)系统。1977 年,美军将"情报"视为不可缺少的因素,形成 C3I(指挥、控制、通信、情报)系统。后来,由于计算机在系统中的地位和作用日益增强,又加上"计算机",变成 C4I(指挥、控制、通信、计算机和情报)系统。近年来,C4I 系统又进一步演变为包括"监视"与"侦察"的 C4ISR 系统。

在情报、侦察和监视领域,卫星具有覆盖范围广(能实现全球覆盖)、运行时间长以及在平时可以进入敌方领土上空等优点,已成为实施网络中心战的前提。在伊拉克战争中,美国海军动用了 6 颗军用成像卫星,每颗卫星一天两次通过伊拉克上空。先进的卫星系统、侦察机、地面站和地面侦察人员组成了一个天、空、地(海)一体化的情报、侦察和监视系统。该系统可为部队提供作战空间的情况,包括作战部署、兵力兵器、作战意图等方面的情况以及毁伤效果评估;同时也为"战斧"巡航导弹和联合直接攻击弹药等精确打击武器提供目标信息,为"爱国者"导弹提供预警信息和目标信息。

由于卫星通信具有广域覆盖和全球覆盖、独特的广播和多播能力、快速灵活组网、支持不对称带宽要求和可以按需分配带宽等优势,因此建设战场信息网络必须依靠卫星通信。在伊拉克战争中,美国海军不仅利用了已在轨的军用通信卫星系统,而且在战争期间发射了 1 颗国防通信卫星和 1 颗军事通信卫星,并利用了大量商业卫星,从而大大提高了信息传输能力。

第 3 章　对陆攻击指南

得益于卫星的强大能力，美军在伊拉克战争中的作战效率远超海湾战争时期。在海湾战争中，美国海军一般需要 2 天时间才能完成对目标的侦察评估和打击准备，而在伊拉克战争中则缩短到几分钟。另外，伊拉克战争时卫星通信的带宽也比海湾战争时大了 10 倍。在海湾战争中信息只能传到指挥所，伊拉克战争时则可以传到每个士兵。

除了卫星外，舰载预警机、侦察机和无人机的作用也不容忽视。预警机的电子侦察设备和机载雷达可在复杂电磁环境中工作，能抗击敌方电子干扰。航空母舰战斗群的战术旗舰指挥中心与预警机之间有数据链进行信息交换，共同完成预警及任务分配等任务；侦察机的主要任务是通过拍摄战区卫星图片和截取敌方通信信号，以确定敌方目标的准确位置，为航空母舰战斗群对陆攻击提供保障；无人机续航时间长，体积小，飞行高度相对较高，不易被敌方发现与攻击，可对战场进行有效的长时间、实时侦察与监控，以获取绝对的信息优势。此外，还可以用作目标指示平台，以及用于战场毁伤评估。

> 🔊 **TIPS：**
>
> 在伊拉克战争中，美国海军凭借其拥有的强大技术优势，始终掌握着制空权和制电磁权，致使伊拉克空军的作战飞机不能升空作战，地面防空雷达不敢开机，防空部队没有发挥出应有的作用，从而为无人机提供了一个充分展现其能力的广阔舞台。

美国海军"尼米兹"级航空母舰的情报中心

3.2.4 先封后打

航空母舰战斗群实施对陆攻击作战时,往往会采取"先封后打"的策略。所谓"先封后打",是指航空母舰战斗群为达成一定的战略或战役目的而采取的两种相互关联的作战行动,即在对敌方区域实施封锁的基础之上对敌方重点目标实施轰炸。

"先封后打"作战的第一步是封锁。航空母舰战斗群执行的封锁任务一般都是具有战略意图的战役行动。在1982年的马岛战争中,英军组成了外、中、内3层封锁圈,采用空中火力与海上火力相结合、远程火力与近程火力相结合、火力与障碍相结合等多种封锁方式,通过对马岛彻底围困,为部队后续攻占马岛创造了良好态势。

"先封后打"作战的第二步是对陆攻击。航空母舰战斗群历来担负着战略或战役性轰炸任务。在伊拉克战争发动前期,美国海军通过将近9个月的部署,完成了对伊拉克的封锁,不久之后便发动了伊拉克战争。

在实施海空封锁时,敌方必然会从空中、水面、水下实施反封锁。这要求实施海空封锁的一方,在对敌实施封锁的同时,必须加强自身防护,将"封"与"打"有机结合起来,确保作战目的的达成。具体来说,要做到三点,即加强预警、火力截击和先敌攻打。

加强预警

先敌发现是确保封锁部队自身安全的先决条件。必须以各种高新侦察预警装备器材,组成远、中、近程与高、中、低空相结合的立体预警侦察感知网,以尽早发现来袭目标,确保及时采取对策。

火力截击

在信息化战争条件下,敌方火力打击距离远、打击精确高的特点,要求必须建立多层立体防护网,以实现远距离发现目标,中远距离截击目标,近距离火力摧毁目标。英军马岛封锁中,建立了外层控制70千米、第二层控

第3章 对陆攻击指南

制40千米、第三层控制10千米、第四层控制3千米的多层防护体系，作战中取得了击沉击伤阿根廷舰船9艘、击落阿根廷飞机14架的战绩。

先敌攻打

先敌攻打是达成作战目的不可或缺的有效手段。这样可以充分发挥强大的电磁攻击力，对敌实现信息先瘫、全瘫、快瘫；充分发挥空中兵器的打击威力，对敌实施高强度、高密度的攻击；充分发挥远程兵器的威力，对敌实施非接触、点穴式打击。

满载武器的美国海军F/A-18"大黄蜂"战斗/攻击机

叙利亚北部城市科巴尼遭到美国航空母舰战斗群的空

法国海军"阵风"M战斗机在高空飞行

法国海军"阵风"M战斗机在"戴高乐"号航空母舰上空飞行

3.3.1 | 舰载机

航空母舰战斗群的舰载机是对陆攻击作战的主要力量，在夺取战区制空权和制电磁权行动中扮演着重要角色。以美国航空母舰战斗群为例，其舰载机空袭作战的程序分为计划准备、战斗出航、进入目标区、攻击目标、返航退出几个步骤。

☛ 计划准备

在联合作战司令部下达空袭任务后，航空母舰战斗群舰载机联队的领队要根据作战指挥官下达的空袭作战计划，制订相应目标打击的具体战术计划，并向空袭作战指挥官作简要报告，说明为完成指定任务所需的武器、平台及战术应用等具体事项。如果需要建制外兵力支援，则向空袭作战指挥官申请，由空袭作战指挥官呈报舰队司令，或者审批后向空军或海军陆战队申请支援。

战斗出航前，舰载机机组必须制订详细周密的飞行计划，包括：在航图上注明飞行航线、航速、时刻和敌方地面防空阵地的配置；制定领航航线卡片、研究和熟悉目标及周围的照片资料等。同时为了加强与有关单位协调，空袭作战指挥官通常在实施对岸空袭作战的前一天，向防空指挥官通报舰载机飞行计划，如原计划有变更，应在飞机出动前数小时再通报变更后的详细计划。

飞行人员执行空袭任务之前，要接受空中情报官下达的任务简令，内容包括执行任务的海区，目标的性质和坐标，作战的具体规定，执行任务的机型和数量，起飞降落的时间，空中加油机的位置等。然后由此次任务的飞行领队作具体布置，包括飞机编号、编队队形、攻击参数及降落时间顺序等，同时也要交代目标照片和识别暗号等。气象官在此时介绍航空母舰所在地、航线上及目标区的气象情况，目标区上空的风向、风速和能见度。最后，飞行人员在上机前 10 分钟接收一次最新的电传飞行资料，包括起飞时间、航空母舰位置、紧急进场方位、距离、高度、即时气象情况等。

战斗出航前的一段时间内，要依靠侦察卫星、E-2C 预警机、EA-18G 电子侦察机进行航天航空侦察，选择确定打击目标，查清目标的防御能力及防空火力部署、雷达通信设施位置、技术参数。集中突击前 15 分钟还要依靠

第 3 章 对陆攻击指南

EA-18G 电子侦察机和无人驾驶飞行器做一次补充侦察，核实战前侦察情报的实效性。目标数据的变化要及时报告攻击波指挥员，以便确定最终攻击方案，更新精确制导武器中的目标数据，随后舰载机升空。航空母舰战斗群司令在轰炸前 8～10 秒，向附近的己方或盟军空军基地发出飞行通告，要求开放机场，以备紧急降落。

E-2C 预警机离舰起飞

E-2C 预警机在空中飞行

EA-18G 电子侦察机在执行侦察任务

战斗出航

根据作战需要，美国航空母舰战斗群的舰载机有两种出动方式。一种是分批作业方式。这种作业方式适合于集中突击，如为夺取制空权的攻势防空作战、对海对岸攻击、两栖作战火力支援等。另一种是连续作业方式。这种方式主要用于执行防空、对海对岸警戒、反潜、监控、侦察等防御性作战行动。

航空母舰战斗群舰载机实施对陆攻击时，通常采用分批作业方式，一般分为大批、小批、大批小批相结合3种方式。大批时，每批次35架左右，每批间隔4～5小时，每艘航空母舰每天可出动3批次，约105架次；小批时，每批次15～17架，每次飞行时间为10～120分钟，每艘航空母舰每天可出动6～7批次，最多为11批次，约90～119架次；大批小批结合时，每艘航空母舰每天可出动5个批次，其中2个大批、3个小批，或者6个批次，其中1个大批、5个小批，约110～120架次。

舰载机起飞时，首先起飞1架直升机在航空母舰尾部飞行，担负救援任务。航空母舰在白天通常使用4部弹射器，平均20～30秒起飞1架飞机，担负

第 3 章 对陆攻击指南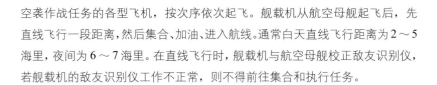

空袭作战任务的各型飞机，按次序依次起飞。舰载机从航空母舰起飞后，先直线飞行一段距离，然后集合、加油、进入航线。通常白天直线飞行距离为2～5海里，夜间为6～7海里。在直线飞行时，舰载机与航空母舰校正敌友识别仪，若舰载机的敌友识别仪工作不正常，则不得前往集合和执行任务。

攻击机和战斗机编成小队或分队活动时，通常在返航离开陆地后进行空中加油；多机种编队执行任务时，通常在以航空母舰为中心、半径10～15海里的空域集合、加油和编队。航空母舰上空高度的分配为：最高一层为4500米，为执行该次任务的飞机全体集合和编队的高度，以下每隔600米一层，为中队、分队集合的高度。加油机通常提前在航空母舰上空指定的高度上以10°～15°的坡度盘旋，等待执行任务。各分队飞机在分队集合高度集合后加油，再上升到全体集合高度指定的位置。

升空后的飞机根据空袭作战任务编成若干编队，通常编为突击、佯动、压制防空兵器、电子对抗、引导指挥、侦察、掩护7个战斗编队。其中，装备有战术空中侦察吊舱系统（Tactical Air Reconnaissance Pod System，TARPS）的E-2C、EA-6B或F/A-18战斗机组成侦察编队，携带有空对空导弹的F/A-18战斗机和携带有反辐射导弹的F/A-18战斗机组成突破和压制敌方防空体系编队，携带有巡航导弹和各型炸弹的F/A-18战斗机组成突击编队。

合成大机群从第一架起飞至完成编队的时间一般需要25～35分钟。合成机群离开集合编队区域进入航线时，脱离航空母舰塔台的指挥，并由领队向航空母舰申请批准转入攻击网。经批准后，机群内其他飞机随领队一同加入攻击网，然后由领队以攻击网向提前到达战区的E-2C报到，由E-2C向领队指示"入陆检查点"的航向和距离。至此，E-2C预警机将取代攻击波指挥员对整个作战行动进行指挥控制。

为了防止敌机混入己方机群，在打击目标区外海设置雷达有效识别咨询区，并配置咨询控制舰（一般由巡洋舰担任），对进入该区的所有飞机进行识别。执行空袭作战任务的飞机进入咨询区时，向咨询控制舰告知本机呼号、任务代号、距控制舰的方位、距离，领队报告所属所有飞机情况，提供飞机编号与机号，离开咨询区时作离开报告。

空袭作战飞机在敌方防空能力较弱的情况下，通常在海上沿直线飞行，直接飞往"入陆检查点"。"入陆检查点"通常选择沿海不设防的明显目标。多机群分批对同一目标进行突袭时，各机群选择不同的"入陆检查点"，使对方不易摸清规律。其飞行高度主要取决于对方对空雷达性能及气象条件等因素，通常为3000～4500米。

空中护航任务主要由F/A-18战斗机担任，护航机与攻击机的比例由敌方防空能力及护航兵力决定，一般为1:1，最高为2:1，最低为1:2。护航方式分为直接护航和间接护航两种，一般以间接护航为主，而当被护航飞机执行重要任务或敌方战斗机对被护航部队全航线上都有较大威胁时，则进行直接护航。

海湾战争中"肯尼迪"号航空母舰上的F-14战斗机起飞

F/A-18"大黄蜂"战斗/攻击机起飞

第 3 章 对陆攻击指南

低空飞行的 F/A-18"大黄蜂"机群

F/A-18"大黄蜂"战斗 / 攻击机奔赴目标区域

EA-6B"徘徊者"电子战飞机编队

进入目标区并攻击目标

航空母舰舰载机距目标 25～30 千米时,由航行队形改为战斗队形,并降至 500～1000 米低空飞行,各路飞机分成若干梯队,每个梯队又分成若干编队,每个编队通常为 2～4 架飞机。为了取得攻击的突然性,减少被打击的机会,攻击编队多采取小编队、多批次进入目标区,并选择容易获得突击效果、敌方防御火力薄弱及便于隐蔽接近目标的方向进入。

攻击开始后,E-2C 预警机作为空中指挥所,掌握全局,控制各攻击兵力投入战斗的时机,保证各编队的战术行动紧密衔接。航空编队在突击前 15 分钟先进行补充侦察;突击前 12 分钟使用电子战兵力,电子战飞机侦察敌方各种电子设施的战术配置要素和技术参数,干扰敌方防空探测、指挥控制和通信手段;突击前 8 分钟开始压制敌方防空火力,由电子战飞机或其他带有电子战吊舱的飞机在距突击区 70～120 千米的 6000～10 000 米空域,以主、被动干扰方式对敌方综合防空系统进行压制,并突入敌方防区以导弹摧毁主要雷达设施;突击前 7～8 分钟使用携带远程武器的兵力攻击,再由携带近程武器的兵力实施攻击;开始攻击后 2～5 分钟进行突击效果侦察。

第3章 对陆攻击指南

战术编队	编成	投入空袭的时机	主要任务
		舰载机战术编队的使用时机和任务	
指挥与引导	E-2C	战斗开始前1～1.5小时	警戒、作为空中指挥所进行指挥、协调
侦察	E-2C、RF-8G	最后突击前15分钟左右	进一步判明敌情动态
伴动	F/A-18、EA-6B	最后突击前5～15分钟	吸引敌方防空火力
电子对抗	EA-6B	最后突击前8～12分钟	干扰压制敌电磁探测、指挥控制设备
压制防空火力	F/A-18	最后突击前0～6分钟	投射反辐射导弹等
掩护	F/A-18	与突击编队同时出动	为突击编队提供空中掩护
突击	F/A-18	与掩护编队同时出动	攻击并摧毁预定目标

E-2C 预警机执行指挥与引导任务

F/A-18 "大黄蜂" 战斗 / 攻击机发起攻击

121

返航退出

航空母舰舰载机完成打击任务后,选择安全、经济的退出方向和航线高速退出。退出时一般不在受敌方防空兵力威胁的上空爬高,而是力争尽快飞临海面上空,得到海上兵力的支援与掩护。各僚机退出目标区域后,迅速依次向长机靠拢进行编队,保持分队(3~4架)或小队(双机)队形,以疏开队形飞行。护航战斗机在主要机群上空以交叉飞行的方法进行掩护。

当远离海岸5海里后,编队由疏开队形变为密集队形,对准雷达有效识别咨询区控制舰的导航台飞行,并向其报告本机距该舰的距离和方位。雷达有效识别咨询区控制舰以敌我识别器鉴别无误后,批准其由攻击频率转入航空母舰通信频率,编队长机即转入该网与航空母舰联络,并对准航空母舰导航台返航,按航空母舰的指令在其附近集合待命、进场降落。

F/A-18 "大黄蜂" 战斗/攻击机降落

3.3.2 巡航导弹

尽管航空母舰战斗群的舰载机在对陆攻击作战中有着不可替代的作用,

第 3 章 对陆攻击指南

但它也不是万能的。在对严密设防区域的目标实施精确攻击时,舰载机会受到敌方防空火力的严重威胁。这种时候,就需要用到一种从敌方防御圈外发射的纵深打击的精确制导武器——巡航导弹。在航空母舰战斗群对岸上严密设防的高价值固定目标实施首次突击时,巡航导弹往往是首选武器。

巡航导弹是指依靠喷气发动机的推力和弹翼的气动升力、主要以巡航状态在稠密大气层内飞行的导弹。巡航状态即导弹在火箭助推器加速后,主发动机的推力与阻力平衡,弹翼的升力与重力平衡,以近于恒速、等高度飞行的状态。在这种状态下,单位航程的耗油量最少。其飞行弹道通常由起飞爬升段、巡航(水平飞行)段和俯冲段组成。航空母舰战斗群的水面舰艇或潜艇发射的巡航导弹,由助推器推动导弹起飞,随后助推器脱落,主发动机(巡航发动机)启动,以巡航速度进行水平飞行。当接近目标区域时,由制导系统导引导弹,俯冲攻击目标。

巡航导弹主要由弹体、制导系统、动力装置和战斗部组成。弹体包括壳体和弹翼等,通常用铝合金或复合材料制成。弹翼有固定式和折叠式,为便于储存和发射,折叠式弹翼在导弹发射前呈折叠状态,发射后,主翼和尾翼相继展开。制导系统常采用惯性、遥控、主动寻的制导或复合制导。

与其他对陆攻击武器相比,巡航导弹拥有一系列优势。第一,巡航导弹体积小,重量轻,便于各种平台携载。攻击型核潜艇可垂直携载 12~24 枚,并可抵近敌方沿海发射,从而打击纵深 1300~2500 千米的重要目标。水面舰艇通常可携载 8~32 枚,采用 Mk 41 垂直发射装置后,携载数量更多,由于它能在水面机动发射,所以不易被探测。

第二,巡航导弹的射程远,飞行高度低,攻击突然性大。例如,美国"战斧"巡航导弹射程最远达 2500 千米,最短为 450 千米,均在敌方火力网外发射,因此发射平台很难被对方发现。导弹在海面飞行高度 7~15 米,平坦陆地为 50 米以下,山区和丘陵地带为 100 米以下,基本是随地形的起伏而不断改变飞行高度,而这一高度又都在对方雷达盲区之内,所以也很难被对方发现,极易造成攻击的突然性。另外,巡航导弹在采取有效隐身措施后，其雷达反射面积仅为 0.02～0.1 平方米，相当于 1 只小海鸥的反射面积。新一代巡航导弹在雷达荧光屏上更是只有针尖大小的一个目标光点，很难被探测到。

第三，巡航导弹的命中精度高，摧毁能力强。射程 2500～3000 千米的巡航导弹，命中误差不大于 60 米，精度好的可达 10～30 米，基本具有打击点状硬目标的能力。携带常规弹头的巡航导弹可摧毁坚固的地面目标，也能使用子母弹杀伤和摧毁面状目标。携带 20 万 TNT 当量核弹头的巡航导弹由于命中精度高，一般比弹道导弹的作战效能高 3～4 倍。

> **TIPS:**
> 在海湾战争中，美国海军位于波斯湾和红海海域的 6 个航空母舰战斗群在空袭最初的 48 小时内先后发射了 185 枚"战斧"巡航导弹。根据美国海军最初向国会提交的报告，在为期 38 天的空袭中，2 艘核潜艇及一定数量的水面舰艇共发射了 297 枚"战斧"巡航导弹，其中 290 枚发射成功，242 枚击中目标，命中率达到 83.4%。

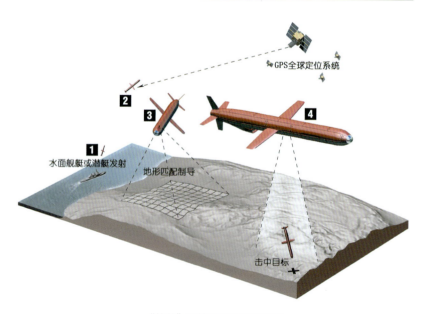

"战斧"巡航导弹攻击示意图

第 3 章　对陆攻击指南

美国海军"阿利·伯克"级驱逐舰发射"战斧"巡航导弹

展览中的"战斧"巡航导弹

"战斧"巡航导弹在低空飞行

3.3.3 | 舰炮

　　舰炮是海军最古老的舰载武器，在 20 世纪水鱼雷、舰载机和导弹武器出现之前，它曾是海军舰艇上最重要的主战兵器。一战期间，水雷、鱼雷的出现并没有撼动舰炮作为海战主战兵器的地位。二战期间，载满舰载机的航空母舰取代以大口径火炮为主要作战兵器的战列舰，成为海上作战新的霸主，舰炮的作用大大下降。20 世纪 60 年代，反舰导弹的出现以及各类精确制导武器的大量应用，使舰炮武器面临着有史以来最大的一次挑战。这些精确制导武器射程远、命中率高、破坏威力大、作战效能好，舰炮与其相比相形见绌。因此，一度有人提出：现代军舰可以不安装舰炮，舰炮可以完全为导弹所取代。不过，在经过多次的实战检验之后，舰炮的不可替代性得到了重新确立。

1982年英阿马岛战争期间，英国Mk 8型114毫米舰炮共发射了包括诱饵弹在内的8000余发炮弹，有效地打击了阿根廷的空中和地面有生力量。据英国司令部白皮书记载，由Mk 8型114毫米舰炮击落了7架阿根廷飞机；1991年海湾战争期间，美国动用了2艘"依阿华"级战列舰（"密苏里"号和"威斯康星"号），使用舰上的406毫米超大口径舰炮连续数日对伊拉克军队部署在滨海地区的军事目标进行了猛烈轰击，共发射100余发炮弹，弹丸重量总计100余吨。摧毁了伊军岸防导弹阵地、岸炮阵地、雷达站、指挥所等多处军事目标，使伊军受到重大损失。由此可见，虽然导弹的出现使舰炮的作用降为辅助性地位，但它仍将是现代水面舰艇上必不可少的武器，在对陆攻击时也能发挥一定作用。

现代舰艇的中小口径舰炮，反应快速、发射率高，与导弹武器配合，可执行对空防御、对水面舰艇作战、拦截掠海导弹和对岸火力支援等多种任务。随着电子技术、计算机技术、激光技术、新材料的广泛应用，形成由搜索雷达、跟踪雷达、光电跟踪仪、指挥仪等火控系统和舰炮组成的舰炮武器系统。制导炮弹的发明，脱壳穿甲弹、预制破片弹、近炸引信等的出现，又使舰炮武器系统兼有精确制导、覆盖面大和持续发射等优点，成为舰艇末端防御的主要手段之一。

英国海军Mk 8型114毫米舰炮开火

第 3 章　对陆攻击指南

英国海军"公爵"级护卫舰上的 Mk 8 型 114 毫米舰炮

美国海军"阿利·伯克"级驱逐舰上的 Mk 38 型 25 毫米舰炮

3.4 对陆攻击的弱点

尽管航空母舰战斗群在对陆攻击作战中有着无与伦比的优势，但它也并非没有短板。首先，航空母舰战斗群实施对陆攻击时广泛使用远距离精确打击武器，而远距离精确打击武器对卫星侦察情报依赖程度较大。美国海军"战斧"巡航导弹及机载精确制导武器高度依赖卫星侦察技术。若没有卫星侦察技术为依托，仅凭航空母舰自身的预警和探测系统将降低其打击目标的精度以及远距离对岸攻击的精确性。所以，一旦侦察卫星遭到人为或自然的摧毁和破坏，或是转发器信号遭受人为的电子攻击，航空母舰战斗群的对陆攻击作战效果将大打折扣。

其次，航空母舰舰载机的作战行动受恶劣气象和黑夜制约。虽然航空母舰抗风浪能力强，但舰载机的使用却受到严格的气象条件限制。由于恶劣气象条件和黑夜对舰载机的作战行动有严重影响，所以美国海军对舰载机的安全起降条件有着严格规定：6级浪以下，航空母舰纵倾小于2°～3°，横摇小于4°～6°，首尾甲板的升沉小于4～6米。在6级以上高海况时，飞机不能放飞，特别是不能回收飞机；在8级风，6～7级浪的情况下，大部分的飞行员将难以起飞。另外，虽然美国航空母舰战斗群的舰载机大多数都是全天候作战飞机，并拥有较强的夜战能力，但是航空母舰起降飞机的能力在夜间会明显降低。航空母舰在白天每分钟可起飞4架飞机，降落2架飞机，而夜间则降至每分钟起飞2架、降落1架，如出动的兵力较多，则起降持续时间还将大大延长。此外，还有约三分之一的舰载机飞行员因训练水平的因素难以进行夜间起降，这也降低了舰载机的夜间出动能力。

第三，航空母舰战斗群的作战能力在近岸海域难以发挥。这些海域的海区多数比较狭窄，航空母舰战斗群进入后，前伸的外层警戒兵力，如E-2C、S-3B及F/A-18等作战飞机，受到敌方航空兵、地对空导弹的威胁将增大，难以前伸至最佳距离以满足作战需求。若敌方沿海主要为山区，E-2C的雷达还将受

第 3 章 对陆攻击指南

到地形影响,难以有效地探测、跟踪超低空飞行的来袭目标,使航空母舰战斗群对空预警纵深缩小;另外,"战斧"巡航导弹也易受地形、地物和天气的影响。同时,近岸海区水深较浅、暗礁较多,水声器材工作环境变差,不利于航空母舰战斗群的海上机动。

最后,航空母舰战斗群缺少对付水雷的有效措施,即便是实力强横的美国航空母舰战斗群也是如此。美国航空母舰战斗群对陆攻击的阵位大多距离岸边 100～300 海里,濒海国家可在这一带海域布设大量的攻势水雷,而目前航空母舰战斗群在兵力和装备构成上,仍无专用的反水雷兵力、兵器。仅依靠潜艇的综合声呐系统,搜索、探测漂雷和距离水面较近的锚雷。发现水雷后,也只能采用机动手段,实施规避。

> **TIPS:**
> 1991 年海湾战争中,美国航空母舰战斗群遭受的最大装备损失就是 2 艘大型水面舰艇触雷受损。

美国海军"艾森豪威尔"号航空母舰及其舰载机群

编队航行的美国海军航空母舰战斗群

第 4 章

反潜作战指南

从二战起,航空母舰和潜艇就在茫茫大洋中展开了生死对决。此后数十年,这对"老冤家"在激烈的竞争中不断发展,均已成为现代海军的核心装备。潜艇对航空母舰战斗群的威胁极大,而航空母舰战斗群也有多种方式搜捕潜艇。本章主要介绍航空母舰战斗群的反潜作战。

4.1 反潜作战概述

4.1.1 航空母舰与潜艇的对抗历史

发展之初

历史上第一艘用于军事的潜艇出现于美国独立战争时期。在乔治·华盛顿等人的支持下，耶鲁大学的大卫·布什奈尔（David Bushnell）建造了"海龟"号潜艇。1776 年，"海龟"号潜艇企图攻击英国海军"老鹰"号，虽未获成功，但开创了潜艇首次袭击军舰的尝试。此后经过多年发展，潜艇装备逐步完善，性能逐渐提升，20 世纪初出现了具备一定实战能力的潜艇。

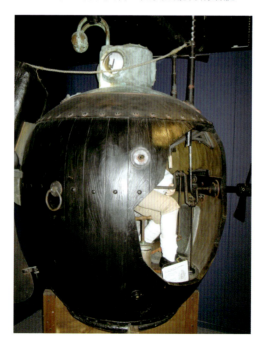

英国戈斯波特博物馆收藏的"海龟"号潜艇复制品

第4章 反潜作战指南

一战之前,各主要海军国家共拥有潜艇260余艘,成为海军重要作战兵力之一。一战一开始,潜艇就被用于战斗。1914年9月22日,德国U-9号潜艇在1个多小时内,接连击沉3艘英国巡洋舰,充分显示了潜艇的作战威力。在战争期间,各国潜艇共击沉192艘战斗舰艇。使用潜艇攻击海洋交通线上的运输商船,取得了更为显著的战果,各国潜艇共击沉商船约5000余艘,达1400万吨。其中,被德国潜艇击沉的商船约1300余万吨。同时,反潜战开始受到重视,战争期间潜艇被击沉265艘,其中德国就损失200余艘。

尽管潜艇在战争中发挥了一定作用,但战列舰的霸主地位毫无动摇。因为当时的潜艇水下航速仅有几节,根本无法追上水面舰队,使用的主要武备——直航鱼雷的有效打击距离也很有限(不足1千米),只能偶尔击沉一两艘缓慢行进的大型水面舰只。

与潜艇相比,航空母舰在一战中的攻击作用微乎其微。事实上,当时拥有航空母舰的交战国屈指可数。航空技术的原始决定了当时的航空母舰主要用于侦察乃至运输,极少用于攻击,最大的战果纪录也只是击沉1艘5000吨级的补给船和2艘飞艇。因此,一战期间,潜艇和航空母舰所使用的技术都比较初级,两者也没有在战场上直接交锋。

美国在一战时期建造的"潜水者"号潜艇

航母战斗群作战指南

一战期间被德国 U-20 潜艇击沉的英国"卢西塔尼亚"号邮轮

一路搏杀

二战时期,情况开始发生变化。在大西洋战场,德国潜艇占据了主导地位,其凶恶的 U 形潜艇和著名的"狼群"战术,使它的潜艇作战成就远远超过其他国家,在世界潜艇战争史上留下了浓墨重彩的一笔。就连英国首相丘吉尔也无可奈何地表示:"在战争中,唯一让我感到恐惧的就是 U 形潜艇。"

1939 年 9 月 1 日,德国入侵波兰,整个欧洲被拖入战火之中。德军潜艇开始袭扰英国的海上运输线。英国海军部将反潜的作战任务交给了海军航空兵,"皇家方舟"号和"勇敢"号两艘航空母舰各率一支反潜舰队出海寻敌。不幸的是,"勇敢"号航空母舰被德军潜艇击沉,"皇家方舟"号航空母舰则在毫无察觉的情况下侥幸逃过一劫。然而,"皇家方舟"号连同另一艘战功赫赫的英军航空母舰"鹰"号最后仍在地中海被德军潜艇击沉。

第 4 章　反潜作战指南

英国海军"皇家方舟"号航空母舰

英国海军"鹰"号航空母舰

在以海战为主的太平洋战场,命丧潜艇之手的著名航空母舰更不在少数。美国海军"约克城"号航空母舰在珊瑚海海战和中途岛海战中屡遭空袭,均大难不死,却因一时疏忽而被潜射鱼雷击沉;在瓜岛战役中,日本伊-19号潜艇同时发射的 6 枚鱼雷击中了美军 3 个级别的战舰——"黄蜂"号航空母舰及 1 艘驱逐舰被击沉,"北卡罗来纳"号战列舰被重创。当然,美军潜艇击沉的日本航空母舰更多,包括曾参加偷袭珍珠港、珊瑚海海战、瓜岛战役的航空母舰"翔鹤"号,日本第一艘采用装甲飞行甲板的航空母舰"大凤"号,以及当时世界上排水量最大的航空母舰"信浓"号。据统计,在二战中被击沉的 42 艘航空母舰(包括轻型航空母舰和护航航空母舰)中,被潜艇击沉的有 17 艘,占总数的 40.5%。

日本"信浓

第 4 章　反潜作战指南

满载舰载机的美国海军"约克城"号航空母舰（CV-5）

美国在二战中建造的"大海鲢"号潜艇

见 3D 模型图

事实上，与一战时相比，二战时的潜艇在技术方面并没有取得重大进步：仍然使用直航鱼雷攻击，航速也提升有限。它能屡屡击沉航空母舰的原因有以下几点：潜艇具有良好的隐蔽性；航空母舰水线以下部分的防护能力脆弱；航空母舰战斗群反潜能力远较防空能力薄弱；航空母舰收发飞机时，因逆风行驶，航速较慢且航向固定，为潜艇占据有利攻击阵位提供可乘之机；潜艇战术的发展。德国海军上将（后晋升元帅）卡尔·邓尼茨（Karl Doenitz）一改潜艇单独作战的惯例，创造了堪称二战潜艇作战理论精髓、直到今天仍颇有实战价值的"狼群"战术。后来，美国也如法炮制了德国潜艇这一战术。

德国海军元帅卡尔·邓尼茨

尽管潜艇有着诸多优势，但也不代表航空母舰毫无还手之力。潜艇的威力在于突袭能力，突然性一旦消失，潜艇正面对抗航空母舰的舰载机就无异于以卵击石。事实证明，猎杀德国潜艇的主力正是美英盟军的航空母舰战斗群。1943年年初，美英两国的重型轰炸机从大西洋两岸出动，驱赶德军潜艇。在1943年的前半年里，150艘德军潜艇先后被盟军飞机的猛烈扫射轰炸所击沉，大西洋水面上几乎天天有上浮的潜艇残骸和艇员尸体。在大西洋之战的中后期，在盟军的绝对空中优势（共有2700架飞机参战）面前，德军付出了巨大代价——德国潜艇艇员阵亡率高达75%，包括卡尔·邓尼茨的儿子在内的2.8万官兵命丧大西洋，另外有约5000人被俘。

第 4 章　反潜作战指南

二战中潜艇与航空母舰的对抗给参战国留下了很多经验教训。航空母舰是当之无愧的"海上霸主",其远程空中打击能力无可匹敌,却难以防范潜艇从水下射出的暗箭;潜艇堪称威胁航空母舰生存的"水中幽灵",却不敌空中力量的猎杀,难以撼动航空母舰的统治地位。因此,潜艇和航空母舰在提高自身战场生存能力和作战能力的同时,还应得到均衡发展,不可偏重一方。这一结论在冷战时期的美苏争霸中被证实。

保存至今的德国 U-995 潜艇

美苏对垒

20 世纪 60 年代初,冷战达到了高峰。美国和苏联在全球的争霸趋于白热化,海军实力的比拼也随之不断升级。当时,苏联海军的发展方针是:随着核武器和导弹的出现,海军已丧失作为一个战略军种存在的价值,大型水面舰艇已成为"活靶子",只需拥有一支由潜艇和轻型水面舰艇组成的小规模舰队即可。根据这一方针,苏联把潜艇作为海军发展重点,近 400 艘水面舰船退出现役,海军的 2000 架飞机也移交给了国土防空军。然而,苏联最终自食苦果:在 1962 年的古巴导弹危机中,为古巴运送导弹的苏联海军舰船由于没有强力的水面及远程空中护航,在遭到美国海军航空母舰战斗群的追踪、搜查后,只能无奈地原路返回。由于担心引发核战争,苏联潜艇也只能蛰伏海底。

在 1961 年美国第一艘核潜艇"鹦鹉螺"号下水时,苏联军事科技部门早就在悄悄执行一项深思熟虑的核潜艇建造计划。古巴导弹危机更刺激了这一计划的进展。1971 年,苏联海军已拥有 95 艘核潜艇和 313 艘常规潜艇。20 世纪 80 年代初,苏联又推出了世界上最大的"台风"级弹道导弹核潜艇。与潜艇部队的扩张相得益彰,苏联航空母舰也纷纷现身。鉴于 20 世纪 60 年代初建造的"莫斯科"级直升机航空母舰服役后性能不佳,苏联又在 20 世纪 70 年代和 80 年代初分别建造了"基辅"级航空母舰和"库兹涅佐夫"级航空母舰。

至此,苏联海军成为世界上唯一能与美国海军叫板的海军。倘若双方真的开战,就像英国上将约翰·哈克特在其《第三次世界大战》一书中所述,大西洋破交战和反潜战究竟鹿死谁手,尚在未定之中。毫无疑问,美国及其他北约国家的航空母舰战斗群不得不对苏联潜艇部队礼让三分。

被改为博物馆艇的美国海军"鹦鹉螺"号核潜艇

第 4 章　反潜作战指南

苏联"台风"级弹道导弹核潜艇

苏联"莫斯科"级直升机航空母舰

你追我赶

　　冷战结束后，俄罗斯的航空母舰或拆或卖，仅剩下"库兹涅佐夫"号1艘。核潜艇也纷纷退役报废。直到21世纪初，随着俄罗斯国力的逐渐恢复，俄罗斯海军才又将提升远洋攻击能力作为发展的重点。尽管俄罗斯没有建造新的航空母舰，却下大力气建造了不少潜艇，包括"北风之神"级核潜艇和"拉达"级常规动力潜艇。

俄罗斯"北风之神"级弹道导弹核潜艇

时至今日,航空母舰的"海上霸主"地位并未被取代,仍是海上实力的象征和维护海上霸权的头号利器,但潜艇在海军中的地位也大幅上升,堪称衡量海军力量的"第二指标"。这主要得归因于潜艇技术的发展。潜艇除保持了原有的隐形功能(新材料技术的发展使潜艇的隐形技术得以不断完善)外,搭载武器的威力和攻击距离也比过去有了很大进步。潜艇可携带射程为几百千米的反舰导弹,在距离航空母舰几百千米外的地方发动攻击。航空母舰却难以在这个距离上发动对潜艇的攻击,因为根本无法发现潜艇。即便航空母舰战斗群可以使用舰载反潜机大量投放声呐浮标,对敌方潜艇进行地毯式搜索,但在没有任何迹象或者潜艇没有任何攻击行动前,这种不计成本的做法是行不通的。根据北约解密档案,北约对俄罗斯潜艇的跟踪只有11%的发现概率和不到1%的攻击成功率。因此,对潜艇的发现、定位、攻击、消灭实属不易。

此外,潜艇的航速及续航力也大为提高。以俄罗斯"奥斯卡"级核潜艇为例,其水面航速为16节,水下航速可达32节,续航力为30万海里。它可以占据敌方航空母舰战斗群航线的前方阵地,在导弹的最大射程内用多枚导弹攻击航空母舰战斗群。一般来说,击毁一艘大型航空母舰需要2～7枚导弹,齐射数为4～15枚,而"奥斯卡"级核潜艇足足装备了24枚导弹,可进行二次攻击。

第4章 反潜作战指南

俄罗斯"基洛"级常规动力潜艇

俄罗斯"奥斯卡"级巡航导弹核潜艇

然而,潜艇也并非没有弱点。潜艇在水下对几百千米外的感知能力十分有限,这就意味着即使潜艇有能力攻击几百千米外的目标,在发现目标、确认目标、制导等方面还有许多难题。仍在潜艇部队中占多数的常规动力潜艇的作战能力也远不能与核潜艇相比。更何况航空母舰战斗群能有效地组织多层防御体系来拦截导弹等空中攻击武器,并有最好的反潜武器——核潜艇护身。核潜艇可以堵在敌方核潜艇基地附近,一对一进行追踪。敌我双方的潜艇都在同一物理介质内作战,拥有在同一工作深度的声呐,这就决定了潜艇能比其他反潜兵器更好地执行反潜任务。

美国国防部曾经提出一份预测报告，认为潜艇与航空母舰的交换率为 3～5∶1。因此，在对航空母舰战斗群实施攻击时，使用不少于 3 个潜艇战术群（7～8 艘潜艇）方可达成预期作战效果——损失 2 个潜艇战术群（5 艘潜艇）后，另一战术群（2～3 艘潜艇）才能趁机突破航空母舰战斗群的直接警戒而占位攻击，并将航空母舰至少击成重伤。

总体来说，在现代海军装备发展中，航空母舰和潜艇的卓越战斗性能和作战表现基本确立了它们作为现代海军核心装备的地位。双方各有优势，也各有短板，没有一方能取得压倒性优势。

美国攻击型核潜艇"弗吉尼亚"级核潜艇

俄罗斯攻击型核潜艇"亚森"级核潜艇

英国"机敏"级攻击型核潜艇

第 4 章　反潜作战指南

法国"红宝石"级攻击型核潜艇

韩国海军装备的德制 214 级潜艇

4.1.2 | 美国海军的网络反潜

美国海军拥有世界上数量最多、作战能力最强的航空母舰战斗群，也拥有十分丰富的反潜作战经验。自从潜艇作战能力产生革命性突破后，传统的反潜方式受到了很强的冲击，从而迫使美国海军寻找新的反潜途径。随着反潜战理论研究的深入，美国海军认识到将"网络中心战"的概念运用到反潜作战具有十分重要的意义。

航母战斗群作战指南

"网络中心战"是将最新的 IT 技术整合到各作战环节当中,利用功能强大的计算机通信网络,将分布在广阔区域内的各种分散的侦察探测系统、通信联络系统、指挥控制系统和武器系统连接在一起,并形成一个网络,实现战场态势和武器共享,各级作战人员利用该网络体系了解战场态势、交流作战信息、指挥与实施作战行动,从而产生比单独的舰艇、飞机、潜艇等作战平台更强大的作战能量。更为重要的是,接入网络的作战节点,一旦受到打击失去作用,网络中心能够很快调集其他作战节点进行补充或增援。

> **TIPS:**
> 1996 年,美国海军上将威廉·欧文斯在他的文章《系统中的新兴系统》中引入了"系统集成"的概念。同年,美国参谋长联席会议发表《联合展望 2010 年》规划,引入军事概念"全谱优势",描述美国的军事能力——无论和平行动或武力行动,都可以资讯优势主宰战场。1998 年,"网络中心战"的概念在阿瑟·塞布罗夫斯基海军中将和约翰·加特斯卡合著的一篇文章中正式公开。

美国海军上将威廉·欧文斯

第 4 章　反潜作战指南

受"网络中心战"的指导和影响，美国海军的反潜作战理论得以深入发展，由此开创了"网络反潜"的新概念，并逐步成为 21 世纪反潜作战的新模式。所谓"网络反潜"，是将所有反潜平台通过信息网络连接在一起，进行数据融合后提供相关的战术图像和指令，以达成信息共享，在总体作战行动中执行快速、协调一致的反潜行动。

与传统反潜方式相比，网络反潜强调基于信息技术构建反潜网络，以"效果的综合"代替"平台的综合"。以往，美军由多个反潜平台依靠自身力量实施反潜，各个平台间只能进行简单的协同，其总体效果是参与反潜作战的所有单个平台效果的叠加。网络反潜则不同，具有传统反潜所不具备的明显优势。

第一，网络反潜拥有全景式的战场态势感知能力。战区级作战系统对探测、识别和定位数据进行相关性分析和数据融合处理后，可生成战场战术图像。指挥官据此获得对战场态势的感知能力，并对己方反潜力量的打击能力、作战风险等做出评估，以快速确定攻潜对策。

第二，网络反潜拥有高效稳定的搜潜、跟潜能力。搜索敌方潜艇并进行稳定跟踪是反潜战中最为耗时耗力的环节。为增强对潜搜索能力，除了提高声呐、磁异探测仪等搜索装备的探测能力以外，还需要增强探测器的综合处理能力和扩大数据来源，以便对单纯的探测数据进行关联性分析和数据融合。信息网络把同一战斗群的所有声呐操作平台连接在一起，并同信息分析中心联网，使高效的数据分析成为可能。

第三，网络反潜拥有合理的火力密度和精确的火力打击能力。网络反潜对战场态势的全景式感知，为提高反潜火力的有效性和精确性创造了条件。通过数据分析，可以确定合理的火力密度，充分发挥反潜火力的打击能力，组织最佳的火力配置摧毁敌方潜艇。这种作战方式，克服了作战盲目性，提高了作战效能，总体作战效果将成指数式增长。

在网络反潜条件下，若敌方潜艇被飞机、岸基雷达等任意一种反潜兵力发现，潜艇的位置、航向、速度、深度等要素信息就会被实时地传输给所有反潜作战单位，这样潜艇附近的反潜兵力即使没有发现潜艇，也可以根据潜艇要素信息对潜艇实施攻击，从而使反潜作战行动利用计算机网络实现信息共享，相互配合。

美国海军战术数位资讯链路终端机

4.2 反潜作战的兵力配置

4.2.1 美国海军

在二战和冷战时期，美国、英国和日本的航空母舰战斗群编成并不固定。冷战结束之后，由于各国的海上使命与任务发生了巨大变化，因此航空母舰战斗群的编成也进行了重大调整，其中以美国航空母舰战斗群的调整与改进最为典型。

美国航空母舰战斗群经过了多次重大调整，目前的编制为：1艘航空母舰、1艘导弹巡洋舰、2～3艘导弹驱逐舰、1艘攻击型核潜艇和1艘供应舰。除供应舰外，其余所有舰艇均可参与反潜作战。航空母舰战斗群的反潜兵力配置是融入其整体防卫圈中的，分别由飞机、直升机、导弹、鱼雷等组成，防御半径从500多千米到1000多千米不等。

美国海军航空母舰战斗群为了使敌方潜艇对航空母舰的威胁降至最低，

第 4 章　反潜作战指南

通常以航空母舰为核心构成直接警戒、近程警戒和远程警戒三道对潜警戒线，其监视区域的纵深可达 300～300 海里，使敌方潜艇欲对航空母舰进行攻击时，必须突破由反潜飞机、反潜潜艇、反潜直升机和水面舰艇构成的纵深梯次防御。用于对潜警戒的兵力主要有：直接支援航空母舰战斗群反潜作战的岸基 P-3C 反潜巡逻机、航空母舰舰载 S-3B 反潜机、SH-60F 和 MH-60R 直升机、拖曳式阵列声呐舰及核潜艇。

直接警戒

直接警戒一般由驱逐舰和护卫舰等水面舰艇实施，装备有拖曳式声呐、反潜导弹、反潜鱼雷或深水炸弹，配置在航空母舰周围 3～5 海里的距离上，当航空母舰战斗群以常速航行时，采用环形配置；当航空母舰战斗群以超过 20 节的速度航行时，采用半环形警戒。为形成严密的声呐监视圈，舰艇间的间距为 1.75 倍的舰壳声呐作用距离。

近程警戒

近程警戒由反潜直升机实施，往往与直接警戒兵力同步配置、协同使用，以扩大驱逐舰和护卫舰反潜的作用距离，保证能在距离航空母舰 40 海里的距离上发现来袭敌方潜艇。航空母舰战斗群中的反潜直升机的数量较多，通常达 12～16 架，编成 2 个组执行近程反潜任务，一次可以出动反潜直升机 5 架，搜索距离为 20 海里，搜索持续时间为 2 小时。反潜直升机间的间距在 1.25～1.6 倍吊放声呐作用距离之间，舰艇与反潜直升机的间隔距离在 15～20 海里之间，以避免水面舰艇运动时产生的噪声，对直升机进行搜索、探测的效果造成影响。

远程警戒

远程警戒由反潜飞机和反潜潜艇实施，配置的目的在于防御敌方潜艇搭载的中远程反舰导弹对航空母舰构成的威胁。反潜巡逻机的搜索效率较高，用于搜索和攻击来袭的潜艇，单次搜索时间可以达到 4 小时，搜索最大宽度可以达到 160 海里。一般情况下，当航空母舰战斗群接近敌方潜艇可能活动的区域时，舰载反潜巡逻机起飞，抵达距离航空母舰 100 海里的海域，在最受威胁的方向上实施远程反潜搜索。航空母舰战斗群内的攻击型核潜艇具有搜索时间长、隐蔽性能好等优点。为加强远程警戒力量，通常会派出 1～2 艘攻击型核潜艇，配置在舰载反潜巡逻机飞行搜索区域的两侧，距离航空母舰 50～90 海里的距离上，在平行于航空母舰航向的方向上曲折航行，在受威胁大的方向上搜索敌方潜艇。

美国海军岸基 P-3C 反潜巡逻机

美国海军 S-3B 舰载反潜机

美国海军 SH-60F 直升机

美国海军 MH-60R 直升机

美国海军"洛杉矶"级攻击型核潜艇

4.2.2 俄罗斯海军

与美国航空母舰战斗群相比,俄罗斯航空母舰战斗群进行反潜作战时的兵力配置大同小异。直接警戒舰艇通常成环形配置在距航空母舰 3～4 海里的距离上,相邻警戒舰艇的间距为警戒舰艇主动声呐作用距离的 1.4～1.7 倍。当警戒舰艇兵力充足时,还可组成双层舰艇警戒,外层警戒舰艇距离航空母舰的距离约 10 海里;当警戒舰艇兵力不足时,警戒舰艇则成半环形配置或与航空母舰成三角形配置。

舰载反潜直升机通常配置在距离航空母舰 12～15 海里处，围绕编队作环形搜索，负责近程警戒；攻击型核潜艇通常配置在航空母舰前方 40～120 海里处，负责中、远程警戒。此外，岸基反潜巡逻机和岸基预警飞机也可为航空母舰战斗群远程反潜警戒提供战术支援。为了预防空中威胁，航空母舰战斗群有时还派出部分警戒舰艇，配置在受敌方潜艇威胁较大的方向上，以扩大防御纵深，增加对来袭导弹的预警和抗击能力。

俄罗斯海军"阿库拉"级攻击型核潜艇

俄罗斯海军岸基 Il-38 反潜巡逻机

俄罗斯海军 Ka-27 直升机

第 4 章　反潜作战指南

4.3 | 反潜搜索

反潜搜索是航空母舰战斗群的反潜兵力使用搜潜设备发现和查明敌方在海洋上活动的潜艇的战斗行动。基本任务是发现敌方潜艇，测定其位置和运动要素，跟踪监视其行动，为之后的猎杀行动提供基本数据。

4.3.1 | 搜索装备

声呐

声呐是英文缩写 SONAR 的音译，其全称为 Sound Navigation And Ranging（声音导航与测距）。声呐是一种利用声波在水下的传播特性，通过电声转换和信息处理，完成水下探测和通信任务的电子设备。它有主动式和被动式两种类型，属于声学定位的范畴。在水中进行观察和测量，具有得天独厚条件的只有声波。这由于其他探测手段的作用距离都很短，光在水中的穿透能力很有限，即使在最清澈的海水中，人们也只能看到十几米到几十米内的物体；电磁波在水中也衰减太快，而且波长越短，损失越大，即使使用大功率的低频电磁波，也只能传播几十米。然而，声波在水中传播的衰减就小得多。在水中进行测量和观察，至今还没有发现比声波更有效的方法。

> **TIPS：**
>
> 声呐技术至今已有 100 余年历史，它是 1906 年由英国人刘易斯·尼克森所发明。他发明的第一部声呐仪是一种被动式的聆听装置，主要用来侦测冰山。这种技术在一战时被应用到战场上，用来侦测潜藏在水底的潜艇。

英国在 20 世纪初研制的"潜艇探测器"（ASDIC）

声呐装置一般由基阵、电子机柜和辅助设备三部分组成。基阵由水声换能器以一定几何图形排列组合而成，其外形通常为球形、柱形或平板形，有接收基阵、发射基阵或收发合一基阵之分。电子机柜一般有发射、接收、显示、控制等分系统。辅助设备包括电源设备、连接电缆、水下接线箱和增音机、与声呐基阵的传动控制相配套的升降、回转、俯仰、收放、拖曳、吊放、投放等装置，以及声呐导流罩等。换能器是声呐中的重要器件，它是声能与其他形式的能（如机械能、电能、磁能等）相互转换的装置。它有两种用途：一是在水下发射声波，称为"发射换能器"，相当于空气中的扬声器；二是在水下接收声波，称为"接收换能器"，相当于空气中的传声器。换能器在实际使用时往往同时用于发射和接收声波，专门用于接收的换能器又称为"水听器"。

在航空母舰战斗群中，水面舰艇、潜艇和反潜直升机均装有声呐设备。水面舰艇声呐按布设方式分为舰壳声呐和拖曳声呐。舰壳声呐是将换能器基阵安装在舰艇壳体上，航空母舰战斗群中的水面舰艇一般固定安装在前部球鼻艏内，球鼻艏基阵远离舰艇螺旋桨，受本舰干扰小，不影响舰艇的航速和其机动性能。球鼻艏内空间大，基阵尺寸相应增大，可工作于低频、大功率，而且维修方便。拖曳声呐是将换能器基阵拖曳在舰尾的声呐。拖曳声呐能根据水文条件任意设定深度，从而有效避开温跃层和负梯度对声呐作用距离的影响。一般来说，在良好水文条件下，水面舰艇巡航时首先启动舰壳声呐工作，而在恶劣水文条件时启动拖曳声呐工作，将其放至温跃层或负梯度以下，克服水文条件的障碍，实现对目标的探测。但拖曳声呐的下放深度多深为合适，这将取决于工作海区的水温分布情况，一般通过两种方法确定：一种是利用声线轨迹仪测量工作海区的声速剖面，根据声线分布选择最佳深度；另一种是利用已知海区的水文资料，根据声速分布情况使拖曳声呐处于最佳深度。

> **TIPS：**
> 海洋环境的复杂多变使声呐在海洋中的传播规律在很大程度上依赖于海水的声速分布或者水温分布情况。一般人们将海水中声速随深度的变化率称作声速梯度。当声速随海水深度而增加时称其为正声速梯度，此时声线向上弯曲；当声速随海水深度而减小时称其为负声速梯度，此时声线向下弯曲；当声速不随深度变化时称其为等温层，此时声线直射不弯曲。

第 4 章　反潜作战指南

🖙 拖曳声呐

潜艇与水面舰艇一样采用了拖曳、被动艇壳声呐，反潜直升机和反潜巡逻机则装备了航空声呐。航空声呐分为吊放式声呐、声呐浮标系统。吊放式声呐装备于反潜直升机，在对潜搜索时一般采取跳跃式逐点搜索，载机飞临某一探测点，低空悬停，将换能器基阵吊放入水至最佳深度，以主动或被动方式全向搜索；对某一点搜索完毕后，便将基阵提离海面飞向另一探测点搜索。声呐浮标系统是一次性使用的声探测装置（完成设定工作时间后自沉于海底），一般由反潜飞机空投使用。空投后的声呐浮标在海面漂浮工作，通过无线电与空中飞行的反潜机保持联系。被动式声呐浮标本身不发射探测信号，只收听周围海区的目标噪声，隐蔽性好；而主动式声呐浮标由反潜机遥控其发射机向水中发射声波进行主动探测，目标信号通过无线电传回反潜机。在作战时，反潜飞机先将浮标组按一定的布局投放于搜索海区，然后在海区上空盘旋，接收和监听由浮标组发现的目标信息。

美国海军 SH-3 直升机装备的 AN/AQS-13 吊放式声呐

美国海军 MH-60R 直升机装备的吊放式声呐

第 4 章　反潜作战指南

美国海军 SH-60 直升机携带的声呐浮标

反潜雷达

雷达是 RADAR 的音译，源于 Radio Detection And Ranging（无线电探测和测距）的缩写，即用无线电的方法发现目标并测定它们的空间位置。雷达是利用电磁波探测目标的电子设备。雷达发射电磁波对目标进行照射并接收其回波，由此获得目标至电磁波发射点的距离、距离变化率（径向速度）、方位、高度等信息。反潜雷达是专门用于搜索潜艇的雷达，不仅具有探测距离远、搜索面积大的优点，而且不受复杂气象和黑夜的影响。

通常情况下，反潜雷达的天线尺寸越大，其探测距离、区域及分辨能力就越强。反潜飞机具有足够大的使用空间和载重量，适合装载反潜雷达。通常在机身下方两侧或机翼下装有大尺寸的侧视雷达天线，这样在执行搜索任务时，就可同时向航线两侧发射电波，搜索飞机航线两侧区域的目标。侧视雷达的天线可顺着机身安装得较长一些，以不超过机身长度为原则。这样，雷达搜索时的鉴别能力和抗海浪干扰能力就大大增强了，目标的影像也就更加清晰。高度为 1000 米的反潜飞机侧视雷达，一般可搜索飞机两侧各 50 海里的海面。

航母战斗群作战指南

由于侧视雷达是向飞机航线两侧发射电磁波的，位于飞机航线两侧的潜艇只有在距离很近时才能发现飞机，而此时，雷达早已搜捕到潜艇，潜艇来不及下潜逃逸，就会遭到反潜飞机的攻击。

美国海军 P-3C 反潜巡逻机的雷达操作员

红外线探测仪

自然界中，除了可见光线外，还有一些人眼看不到，但却实实在在存在的光线，红外线就是其中一种。红外线的重要特征之一就是热作用非常强，因而人们称之为热辐射。事实上，任何物体，只要它的温度高于绝对零度（-273℃），它就会不停地向外发散红外线。

潜艇在水下工作时，会导致周围海水温度发生微小变化，从而形成热尾流，红外线探测仪就是利用这一点对潜艇进行探测跟踪的技术设备。由于红外线探测仪具有极高的灵敏度，能够连续不断地接收海水的热辐射，因此即使是稍高于海水正常温度的微小变化也会立刻被捕捉和显示。红外线探测仪无论在白昼还是在黑夜均具有较好的探测效果，但存在着对雨雾不具有穿透能力、探测能力会受海洋因太阳辐射而形成的小块温水区的干扰和影响等缺点。

法国泰利斯公司研制的前视红外吊舱

第 4 章 反潜作战指南

☛ 激光探测仪

激光探测仪由含激光器收发机的激光探头、电子装置、记录显示装置等组成，一般装备反潜飞机。反潜飞机在预定海域低空搜潜飞行时，激光探头内的发射机对海面发射一种在水中衰减速度慢且分辨率高的蓝、绿脉冲激光束，其中一部分被反射，一部分进入水中，若遇到水中目标或海底则发生漫反射，穿出海面后被激光探头内的接收机所接收，经电子装置处理发现目标后再次发射激光束扫描，并使其回波成像显示，从而判断该目标是否为潜艇目标。

☛ 微光夜视仪

微光夜视仪是一种灵敏度极高的被动式夜视探测设备，专门用于夜间搜索潜艇。微光夜视仪一般装备在反潜飞机上。它利用飞机上安装的超灵敏度微光电视摄像机在夜间摄取月光或星光照射下的目标影像，经光学设备及计算机处理放大后显示在屏幕上。这种先进的微光夜视仪足以将人们的夜间观察能力提高百倍，使操作人员甚至可以像白天那样观察和识别目标影像，在暗夜中也可以清晰地观察到潜艇在通气管状态航行时划开的水花，甚至潜艇下潜时产生的漩涡。

☛ 磁异探测仪

磁异探测仪是利用潜艇运动引起地磁场异变的原理制成的搜索设备。由于磁异探测仪在检测潜艇磁异常信号的同时，也检测运载磁探测平台的磁场异常信号，这种磁干扰限制了其他装在其他平台上，只能装载于航空平台上使用。由于磁异探测仪的尺寸较大，一般安装在反潜飞机的尾部。总的来说，磁异探测仪具有对潜艇识别能力强、定位精度高、隐蔽性好、不容易干扰、价格便宜等优点，但也存在作用距离近、受水文气象条件影响大的缺点。

磁异探测仪的搜索宽度和信号时间与磁异探测仪的作用距离、被探测潜艇的磁场强度、下潜深度和飞机的飞行高度有关，而磁场强度随距离的变化成立方关系衰减，只有当潜艇接近海面高度或飞机高度较低时，磁异探测仪才能发挥作用。目前,反潜飞机使用磁异探测仪来搜潜的飞行高度为50～150米。由于反潜飞机长时间低飞容易造成安全事故,所以美国海军发展了一种既能减少机体干扰,又能提高安全性的拖曳式磁异探测仪,缆绳长达150米。

尽管采用了复杂的信号处理技术,但磁异探测仪对常规潜艇的作用距离仅有350～450米,对核潜艇的作用距离也只有600～900米。由于磁异探测仪作用距离短,有效搜索宽度小,许多国家的海军只使用它作为鉴别器材,反潜飞机发现目标距离较近时,才使用磁异探测仪做进一步探测,以便较准确地测得潜艇位置以及运动要素。一般与潜艇保持3次接触,即可投放反潜鱼雷或深水炸弹进行攻击。不过,一些搜潜器材较差的国家,仍将磁异探测仪作为主要探测手段。

美国海军 SH-60 直升机携带的磁异探测仪(挂架下的红黄相间物体)

第4章 反潜作战指南

美国海军 S-3 反潜机搭载的磁异探测仪（机尾后方杆状物）

电磁探测仪

电磁探测仪是一种扫描接收射频信号的被动雷达探测器。由于射频频谱包括敌、友、中立三方的电磁辐射信号，杂波干扰极为严重，因此，反潜电磁探测仪主要用来搜索潜艇雷达发出的信号。为进一步减少杂波干扰，一般要建立射频信号库，从中选用搜索特定潜艇的雷达信号，而忽略来自友方和中立方的雷达信号。如果敌方潜艇雷达处于非工作状态，电磁探测仪也就接收不到信号。但由于它能对已经探测到的、来自潜艇的电磁辐射信号提供分类和定位所需的全部信号，往往迫使潜艇采用精度不太高的、不辐射电磁波的其他探测目标的手段，从而对潜艇雷达系统产生威慑作用。

废气探测仪

废气探测仪主要用于探测常规潜艇，被人们形象地称为"废气闻味器"。常规潜艇多以柴电动力装置推进，潜艇采用水面航行或通气管航行时，其柴油机和辅机不可避免要向大气中排放废气，排出的废气能在大气中保持几个小时。废气探测仪以每秒 5 次的速度不断对空气进行取样，一旦收集到潜艇排出废气中的一氧化碳及其与水分子化合后产生的碳氢化合物，探测仪上的显示器会立即发生反应，确定搜索区域是否有潜艇活动。一般情况下，废气探测仪甚至在潜艇下潜数小时后仍能发现其踪迹。废气探测仪一般装备在反潜飞机上，利用低空飞行不断对空气进行探测，不过它会受风速、风向等自然条件的影响，对核动力潜艇的探测效果更有限。

核辐射探测仪

核辐射探测仪是探测核潜艇的一种设备。这种探测仪能通过测定核潜艇排出的带有放射性成分的废气、废水及其造成的空气和大片海水的污染来发现潜艇。它能够进行昼夜、全天候监测。不过，这种探测设备只能在较大的范围确定有没有核潜艇，而无法准确地测知核潜艇的具体位置。

4.3.2 | 搜索过程

航空母舰战斗群协同反潜的主要特点是能充分发挥编队中各反潜兵力的优势，形成整体打击威力。不论是在航渡过程中，还是进入综合作战区，航空母舰战斗群反潜作战的首要任务是发现敌方潜艇，然后再根据情况对其实施打击。因此，根据航空母舰战斗群的反潜警戒部署，在未发现敌方潜艇之前，各反潜兵力分别在各自的警戒范围内对敌方潜艇进行搜索。

舰载反潜飞机的搜索过程

舰载反潜飞机具有飞行速度快，搜索效率高等优点，能进行较宽的正面搜索，是担负编队中程警戒的主要兵力。舰载反潜飞机搜索时，应按规定的时间和航线制订飞行计划，并注意不让敌方掌握规律。舰载反潜飞机进行巡逻搜索的基本策略有扇面搜索法和平行搜索法。

扇面搜索法一般在航空母舰战斗群受敌方潜艇威胁较大的情况下使用。每架反潜飞机搜索扇面角为30°～60°，相邻两个搜索扇面之间要求有部分重叠。扇面的划分主要取决于可派出的反潜飞机数量及战斗群受敌方潜艇的威胁程度。美国航空母舰战斗群的舰载反潜飞机采用这种方法搜索时，飞机离航空母舰的距离可达100海里，正面宽度可达160海里。

平行搜索法通常在航空母舰战斗群航渡过程中受敌方潜艇威胁较小的情况下使用。该策略是将反潜飞机配置在编队前方和两侧，与编队保持平行航

第4章 反潜作战指南

向往返搜索。美国航空母舰战斗群的舰载反潜飞机采用这种方法搜索时，飞机离航空母舰的距离可达 100 海里，正面宽度为 60～80 海里。

美国海军 S-3B 反潜机执行搜索任务

舰载反潜直升机的搜索过程

航空母舰战斗群中的舰载反潜直升机通常在直接警戒舰艇的前方飞行，定时在水面上空悬停，使用吊放式声呐搜索并随编队一起同步前移。为防止敌方潜艇从航空母舰战斗群尾部进入攻击阵位，舰载反潜直升机有时也被配置在编队尾部舷角，使用吊放式声呐进行搜索，并随编队移动。

由于受作战思想和反潜直升机装备性能的影响，各国对舰载反潜直升机的使用策略也有所不同。相对而言，美国海军强调单机作战，舰载直升机具有多功能性，使其既能近距离警戒，又能远距离搜索和攻击；而俄罗斯海军则主张近距离作战，多机配合。另外，由于一些国家的水面舰艇装备拖曳式线列阵声呐，其作用距离远，为此，更强调直升机在母舰引导下的攻潜行动。

航母战斗群作战指南

SH-60F 直升机在"卡尔·文森"号航空母舰附近执行搜索任务

俄罗斯海军 Ka-27 直升机在搜索敌方潜艇

攻击型核潜艇的搜索过程

航空母舰战斗群中的核动力潜艇用于搜索的器材主要是被动声呐和远程拖曳式线列阵声呐,其主要任务是利用其声呐水下探测距离远的优势,为战斗群提供更加可靠的远程警戒。受潜艇通信、观察能力的限制,攻击型核潜艇必须与其他反潜警戒兵力有严格的警戒范围区分,以防被己方兵力误伤。在警戒过程中,攻击型核潜艇应在规定的警戒范围内进行搜索,并允许其进行小范围的曲折机动,但其主航向应与编队航向保持一致,其前进速度也应与编队速度保持同步。

第4章 反潜作战指南

美国海军航空母舰战斗群中的"洛杉矶"级攻击型核潜艇

法国海军"红宝石"级攻击型核潜艇在水面航行

☞ 水面舰艇的搜索过程

负责近程防御的水面舰艇,通常成环形配置在航空母舰的周围,距离航空母舰约10海里，使用主动式声呐进行探测，并与航空母舰保持同向、同速航行；载有拖曳式线列阵声呐的水面舰艇，通常采用8～15节的搜索速度。当航空母舰战斗群的航速超过15节时，它将采取"蛙跳"策略搜索，即在某点停车搜索一段时间，没有发现可疑目标后，高速航行至另一点再次减速搜索。为了验证拖曳式线列阵声呐探测到某方位和区域的可疑噪声，可以使用主动声呐进行再次搜索。当距离较远时，也可召唤附近反潜飞机或派出舰载反潜直升机对目标进行搜索定位。

美国海军"阿利·伯克"级驱逐舰在搜索敌方潜艇

俄罗斯海军"无畏Ⅱ"级驱逐舰在搜索敌方潜艇

英国海军"公爵"级护卫舰在搜索敌方潜艇

第4章 反潜作战指南

4.4 攻潜行动

4.4.1 攻潜过程

航空母舰战斗群中的任何反潜兵力发现敌方潜艇后，都要迅速上报到战斗群指挥部，并根据实际情况对敌方潜艇实施攻击。如果攻击没有成功，要引导编队的其他反潜兵力继续攻击。若潜艇未被击毁，而被战斗群反潜兵力驱赶至无法对航空母舰战斗群造成威胁的区域后，可酌情停止攻潜行动，但要继续加强对敌方潜艇的搜索和监视，防止其再次接近到对航空母舰战斗群造成威胁的区域。

当远程反潜巡逻机在其警戒范围内发现敌方潜艇后，根据情况可先行定位攻击，同时将情况向战斗群指挥部报告；或者与敌方潜艇保持接触，同时将情况报告战斗群指挥部。为了避开对己方其他兵力产生干扰和误伤，反潜巡逻机还需要报告使用声呐浮标和反潜鱼雷的情况。航空母舰战斗群指挥部接到通报后，可根据实际情况派出其他反潜飞机前往支援。进行支援的反潜飞机到达发现潜艇的海域后，为了进行有效的攻击，需要进一步与潜艇建立接触，进行识别、定位和攻击。

当攻击型核潜艇发现敌方潜艇后，应在限定的海区内独立攻击敌方潜艇，并向战斗群指挥部报告攻击结果。仅在攻击型核潜艇驶离限定的海区后，才能组织反潜飞机进入该海区继续攻击敌方潜艇。

位于近程防御区的反潜直升机发现敌方潜艇后，应立即对其展开攻击。攻击后，引导水面舰艇继续对敌方潜艇实施搜索和攻击。此时，水面舰艇首先在直升机的引导下对潜搜索，当自身的探测设备与敌方潜艇建立接触后，靠自身探测设备获得的数据继续攻击敌方潜艇。

当水面舰艇主动声呐发现敌方潜艇后，应迅速对其展开攻击，直到潜艇

航母战斗群作战指南

被击沉或自身武器消耗殆尽。如果敌方潜艇还未被击毁,水面舰艇应引导反潜直升机继续攻击敌方潜艇。

美国海军"里根"号航空母舰战斗群

美国海军"林肯"号与法国海军"戴高乐"号航空母舰进行联合反潜演练

第4章 反潜作战指南

4.4.2 | 攻潜平台

反潜机

反潜机是载有搜索和攻击潜艇的设备、武器的军用飞机,包括水上反潜飞机、反潜直升机、岸基反潜飞机、舰载反潜机等。反潜机一般具有低空性能好、续航时间长等特点,能在短时间内居高临下地进行大面积搜索,并可以十分方便地向海中发射或投掷反潜炸弹,甚至最新型的核鱼雷。

自潜艇问世以来,各国相继使用飞艇和水上飞机对付潜艇。当时仅靠目视和望远镜搜索,对潜艇威胁不大。一战末期英国开始使用岸基飞机反潜,并采用原始的声呐系统。二战期间,英国、美国使用声呐浮标、机载雷达和探照灯搜索,用鱼雷、深水炸弹和水雷攻击潜艇,获得了较好的效果。冷战期间,各国开始使用反潜直升机和吊放声呐系统。核潜艇的出现,对反潜系统提出了更高的要求。水上反潜飞机能停在水面上,悬放声呐,但由于船身阻力大、航程短,只能在近海执行反潜任务;岸基反潜飞机一般总重在50吨以上,可在几百米高度上以300～400千米/时的速度进行巡逻,续航时间在10小时以上;反潜直升机通常载于普通舰船上,能提高舰船自身的反潜能力;舰载反潜机总重约20吨,以航空母舰为基地,承担舰队区域反潜任务,飞行速度为高亚音速。

美国海军 P-8 反潜巡逻机

美国海军 MH-60R 直升机发射导弹

水面舰艇

航空母舰战斗群中的巡洋舰、驱逐舰和护卫舰均能对潜艇发起攻击。这些水面舰艇的续航力强、耐波性好，配备有大功率、高灵敏度的声呐和多种反潜武器，并且可搭载反潜直升机，能在较大范围海域，长时间实施对潜艇的搜索、跟踪和攻击。

水面舰艇反潜的基本原则是：正确运用搜索兵力，选用可靠的搜索方法，正确使用搜索设备，及时、准确地发现目标；根据目标的情况合理部署攻击兵力，迅速占领阵位，力争对目标形成包围态势；密切协同，连续攻击。

在对敌方潜艇进行攻击时，水面舰艇通常会与反潜机协同作战。一般情况下，由先发现敌方潜艇的飞机或水面舰艇与目标保持接触，引导其他水面舰艇或飞机实施攻击。反潜飞机或直升机先发现敌方潜艇时，即投下浮标或标志弹，同时向水面舰艇通报敌方潜艇的位置和运动方向，引导水面舰艇驶向目标；水面舰艇在飞机引导下迅速接近目标，与目标建立声呐接触后实施攻击；在水面舰艇实施攻击过程中，反潜飞机或直升机通常在目标上空继续进行监视。

第 4 章　反潜作战指南

水面舰艇先发现敌方潜艇而由反潜飞机或直升机先实施攻击时,水面舰艇将目标的位置和运动要素不断通报给反潜飞机或直升机,反潜飞机或直升机根据水面舰艇的通报对目标实施攻击;在攻击过程中,水面舰艇为保证对飞机的引导和本身的安全,必须位于敌方潜艇舷角 180°附近、距离大于飞机攻击危险半径的位置。使用反潜导弹进行攻击时,水面舰艇则需要进入反潜导弹的有效攻击距离范围内。

俄罗斯海军"无畏"级驱逐舰

法国"乔治·莱格"级反潜驱逐舰

英国海军"公爵"级护卫舰

潜艇

潜艇反潜作战是海军重要的反潜作战手段之一，是己方潜艇攻击敌方潜艇的作战行动。其目的是消灭敌方潜艇或阻止其攻击，以保障己方航空母舰战斗群的安全。作战模式通常采用单艇阵地伏击、区域巡逻或跟踪追击等方式，保持最大程度的隐蔽性，在指定海域独立观察、搜索目标，力争在最远距离发现敌方潜艇。当发现目标后，迅速、准确判断和识别目标，隐蔽接敌，占据最佳攻击阵位，实施攻击。在航空母舰战斗群中，攻击型核潜艇通常在编队外围，与舰载反潜机或反潜直升机形成远距反潜网。

冷战时期，美国和英国的攻击型核潜艇在很大程度上围绕猎潜任务进行设计与开展训练，以至于出现了潜艇是最佳反潜武器的说法。然而，"以潜制潜"也存在不少局限。在开阔海域执行猎潜任务时，攻击型核潜艇的航速需要高出目标 5～7 节方能维持接触，由于需要周期性地减速收听敌方潜艇噪声，很容易让敌方潜艇逃之夭夭。潜艇所需的推进功率与航速的三次方成正比，要想研制航速比敌方主力潜艇快 5～7 节的高性能攻击型核潜艇，即使对技术领先、财力雄厚的美国海军而言也极为困难。

第 4 章　反潜作战指南

专门设计用于反潜作战的美国海军"海狼"级攻击型核潜艇

4.4.3 ｜ 攻潜武器

☞ 反潜导弹

在几种主要的攻潜武器中，反潜深水炸弹和反潜火箭弹的射程较近，且攻击精度很低，不适合中、远距离和高精度反潜。鱼雷可依靠自身动力、制导系统自动搜索和攻击一定距离范围内的潜艇。但随着核潜艇的出现和常规动力潜艇技战术性能的大大提高，降低了鱼雷的攻潜效果，因为鱼雷（尤其是热动力鱼雷）的航速和航程是成反比的，而且随着航速的提高，也会降低自导装置的作用距离，而且航程越远，制导控制误差越大，从而使鱼雷发现和命中目标的概率降低。以上种种原因为发展远射程、高精度、可快速攻潜的反潜导弹提供了契机。

20世纪50年代，美国、苏联、法国、英国、意大利等国家就已开始研制反潜导弹，至今已经发展了两代反潜导弹。截至2017年4月，世界各国研制成功的反潜导弹仅有十几种，其种类和数量都不能和反舰导弹相比，但却威力巨大、不可或缺的中远程反潜武器。

反潜导弹是一种导弹和鱼雷（或深水炸弹）相结合的反潜武器（或称火箭助飞鱼雷），是反舰导弹的一个分支。完整的反潜系统除了反潜导弹外，还应包括各种发射平台上的指挥控制系统、火控系统、发射系统以及保障系统等。反潜导弹可按不同的分类标准进行分类。按发射平台的不同，反潜导弹可分为舰载型、潜射型、机载型；按发射方式的不同，可分为倾斜回转发射架型和垂直发射型；按弹道特点的不同，可分为弹道式和巡航式。反潜导弹的射程主要取决于各发射平台的声呐、磁异探测仪等探测设备的性能，短则数千米，长则数百千米，其战斗部是各种安装在弹体前部或腹部内的声自导鱼雷或核深水炸弹。

反潜导弹是一种技术密集、复杂的水中兵器，尤其是第二代反潜导弹采用了许多高新技术，战术技术性能有很大提高，成为当今最有效的远程反潜武器。与其他攻潜武器相比，反潜导弹拥有很多优点，具体介绍如下。

第一，速度快、射程远。

第二代反潜导弹由于采用了新的推进方式和新的推进剂技术，使其飞行速度更快、射程更远，如"海长矛"反潜导弹采用了"大力神"助推器，其最大射程由55千米增加到100千米以上；"超伊卡拉"和"米拉斯"反潜导弹都以固体火箭发动机和涡轮喷气发动机相结合的方式使其速度和射程得以大幅度提高。

第4章 反潜作战指南

第二，发射平台和发射方式多样化。

第二代反潜导弹不仅可从水面舰艇、潜艇上发射，而且还可从反潜飞机、反潜直升机上发射。在发射方式上可采用垂直发射方式，有效扩大了反潜范围，如美国的"阿斯洛克"反潜导弹、"海长矛"反潜导弹、俄罗斯SS-N-19反潜导弹等。

第三，标准化程度高。

共架共存，方便导弹的储存、维修、补充和使用，是反潜导弹设计者所追求的重要目标。比如美国的垂直发射"阿斯洛克"和"海长矛"反潜导弹都装在弹筒内，既可由水面舰艇的垂直发射系统发射，又可由潜艇的鱼雷发射管发射。

第四，反潜成功率高。

由于第二代反潜导弹可在2～3分钟内将其战斗部迅速投送到目标区上空，因此目标潜艇难以发现或来不及规避而很难逃脱打击。此外，第二代反潜导弹采用了性能更好的鱼雷，可在水中对目标进行自动搜索、跟踪和攻击，使反潜成功率大大提高。

第五，制导技术先进。

第二代反潜导弹采用了计算机系统、惯性导航系统、遥控和复合制导等技术，如"超伊卡拉"和"海长矛"反潜导弹都采用惯性导航技术，并用微机进行飞行控制，而"超伊卡拉"反潜导弹还可用舰艇或飞机实施遥控制导，以弥补发射舰艇探测设备作用距离近的不足，充分发挥反潜导弹射程远的优势，同时也便于组织反潜兵力之间的协同攻击。

第六，飞行弹道更趋合理。

弹道式反潜导弹起飞加速快，而巡航式反潜导弹射程远，如果将两种弹道特点结合起来，其反潜性能将更好，如"米拉斯"导弹的空中弹道可分为助飞爬升、巡航制导和战斗部入水3个阶段。在助飞爬升阶段，由固体火箭发动机助推，起飞时间短（类似于"阿斯洛克"）；在巡航阶段，由涡轮喷气发动机推进,能够修正航向,并具有掠海飞行能力(类似于"伊卡拉");在战斗部入水阶段,则由发射舰艇根据目标距离下达发动机关机指令突然减速,靠惯性将鱼雷抛出,打开降落伞使鱼雷减速入水(类似于"玛拉丰")。

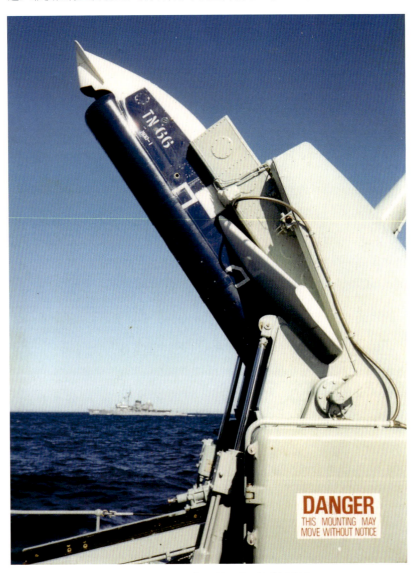

澳大利亚"伊卡拉"反潜导弹及其发射装置

第 4 章　反潜作战指南

美国"阿斯洛克"反潜导弹发射瞬间

美国"海长矛"反潜导弹

意大利"米拉斯"反潜导弹发射瞬间

第4章 反潜作战指南

法国"玛拉丰"反潜导弹及其发射装置

航空母舰战斗群中的航空母舰、巡洋舰、驱逐舰、护卫舰、潜艇等舰艇以及多种型号的反潜飞机和反潜直升机,均可搭载反潜导弹,大大提高了航空母舰战斗群的反潜能力。不同类型的反潜导弹,作战过程也有一定的区别,具体说明如下。

第一,舰载型反潜导弹。

首先利用舰载声呐提供目标信息。在导弹点火升空后,由弹上制导装置控制飞行。如果战斗部是声自导鱼雷,则当导弹升空到预定点后,战斗部与弹体分离,之后从鱼雷尾部拉出减速伞,使鱼雷减速入水,尔后减速伞自动脱落,鱼雷动力装置启动工作,开始自动搜索、跟踪和攻击目标;如果战斗部是核深水炸弹,则没有减速伞,战斗部与弹体分离后,核深水炸弹高速坠入水中,下沉到水中预定深度爆炸,利用核爆炸威力摧毁目标。

第二,潜射型反潜导弹。

利用潜艇鱼雷发射管(或特制发射管,如俄罗斯 SS-N-16 反潜导弹)发射,将反潜导弹(如美国"萨布洛克"反潜导弹)或内装反潜导弹的保护筒(如美国"海长矛"导弹)从鱼雷发射管中推出。此后导弹点火,靠自身动力以预定角度出水,或靠浮力使保护筒倾斜升到水面,当保护筒顶端传感器感觉到导弹出水时,爆炸螺栓分离头罩,导弹在筒内点火起飞,在制导装置控制下飞到预定地点,战斗部与弹体分离后减速入水,对目标进行搜索、跟踪直至摧毁目标。

第三,机载型反潜导弹。

发射飞机(或直升机)转至战斗航向,在距离目标 30 千米左右时投放导弹,导弹自由下降一段后在空中点火,并接收发射飞机发出的遥控信号,当导弹飞到目标区域上空时,战斗部与弹体分离,并减速入水,之后按预定程序自动搜索、跟踪和攻击目标。

鱼雷

鱼雷是一种历史悠久的水中兵器,自 19 世纪 60 年代问世、20 世纪初应用于实战以来,鱼雷便一直在反舰、反潜作战中发挥着重要作用。一战开始时,鱼雷已被公认为是仅次于火炮的舰艇主要武器。尽管由于反舰导弹的出现,使鱼雷的地位有所下降,但它仍是海军的重要武器。特别是在攻击型潜艇上,鱼雷是最主要的攻击武器。在航空母舰战斗群中,鱼雷是水面舰艇和舰载机对潜攻击的一种重要手段,与使用深水炸弹对潜攻击相比,其攻击距离远、命中概率高、攻击方法简单。

鱼雷的前部为雷头,安装有炸药和引信;中部为雷身,安装有导航及控制装置;后部为雷尾,安装有发动机和推进器等动力装置。鱼雷的雷身形状似柱形,头部呈半圆形,以避免航行时阻力太大。根据不同的需要,鱼雷分为大、中、小 3 种类型。直径为 533 毫米以上的为大型鱼雷;直径为 400～450 毫米的为中型鱼雷;直径为 324 毫米以下的为小型鱼雷。鱼雷主要用舰船携带,必要时也可以用飞机携带。鱼雷在水中航行的速度为 70～90 千米/时。

第 4 章　反潜作战指南

鱼雷在水中的运动受到重力和浮力的共同作用：若重力大于浮力，沿水平方向发射的鱼雷，将像石子那样向斜下方运动；若重力小于浮力，它将像氢气球那样向斜上方运动。要使鱼雷瞄准目标沿一定方向运动，必须使浮力和重力大小相等，恰当地选择鱼雷的体积，可以调整重力和浮力的关系。所以，鱼雷的体积是一个重要的技术指标。

目前，世界上装备和使用鱼雷的国家很多，但能够研制和生产鱼雷的国家却屈指可数，只有美国、俄罗斯、英国、法国、德国、意大利、日本、瑞典等少数国家。其中，美国的鱼雷研制水平一直居世界领先地位，而俄罗斯在与美国的激烈竞争中，其鱼雷发展独树一帜，是唯一可与美国分庭抗礼的鱼雷生产大国。

美国 Mk 46 型轻型鱼雷发射瞬间

美国 Mk 48 型重型鱼雷发射瞬间

美国 Mk 50 型轻型鱼雷发射瞬间

第 4 章　反潜作战指南

美国 Mk 54 型轻型鱼雷发射瞬间

深水炸弹又称深弹（Depth Charge），是一种用于攻击潜艇的水中武器，通常装有定深引信，在投入水中后下沉到一定深度或接近目标时引爆以杀伤目标。深水炸弹价格低廉、使用方便、装药填充系数高，能在浅水使用，通常以齐射（投）散布覆盖方式攻击潜艇。按照装备对象的不同，深水炸弹可分为舰用深水炸弹和航空深水炸弹两大类。

深水炸弹是传统的、有效的常规反潜武器。二战结束前，深水炸弹反潜一直是最主要的反潜手段，在战争中反潜成绩居水雷、航弹和舰炮之首。二战中损失的潜艇半数以上是由深水炸弹击毁的。战后，随着潜艇技术的发展，深水炸弹的投掷方式和投射距离已远远不能满足现代反潜战的需要，它的反潜地位逐渐被鱼雷所取代。尽管深水炸弹在整个反潜战中下降到次要地位，但在近海反潜战中仍有一定的经济性和有效性，对付 30 米以内的潜艇效费比极高。因此，深水炸弹并没有被淘汰。目前，世界各国使用的深水炸弹包括俄罗斯 RGB-60 深水炸弹、英国 Mk 2 深水炸弹、意大利 MS500 深水炸弹、瑞典 SAM204 深水炸弹、智利 AS-228 深水炸弹等。

美国海军"弗莱彻"级驱逐舰的深水炸弹投放轨道

第 5 章

防空作战指南

　　除了来自水下的潜艇外，来自空中的战机也是航空母舰战斗群的最大威胁之一。为了对抗空中威胁，航空母舰自身配备了多种防空武器，航空母舰战斗群内的其他舰艇也有不少防空手段。本章主要介绍航空母舰战斗群的防空作战。

5.1 防空作战概述

5.1.1 防空作战的历史

俗话说"树大招风",航空母舰这个"海上霸主"从诞生之日起就受到来自空中、水面和水下的多种威胁,而来自空中的威胁并不比来自潜艇的威胁小。从二战的战后结果统计来看,航空母舰战斗群中航空母舰被空中兵力击沉和击伤的比例占据大多数。战争中,美国海军有9艘航空母舰(4艘大型航空母舰和5艘护航航空母舰)被击沉,其中有6艘是被日本舰载机或自杀式飞机击沉的。与美国相比,日本的损失更大,共有24艘航空母舰被击沉,其中有17艘是被美国海军的舰载机击沉的。

二战后,航空母舰战斗群虽然多次参与作战行动,但由于作战双方实力的差距,航空母舰战斗群自身受较大威胁的情况并不多见。然而,这并不意味着航空母舰战斗群已不再遭受来自空中的威胁。在1982年的马岛战争中,英国海军"无敌"号航空母舰便受到了阿根廷空军的极大威胁。1982年5月25日,阿根廷的"超军旗"攻击机发射了"飞鱼"反舰导弹,如果不是"无敌"号航空母舰及时实施电子干扰、将"飞鱼"反舰导弹引向邻近的"大西洋运输者"号运输船的话,被击沉的很有可能是"无敌"号航空母舰。

英国海军"无敌"号航空母舰

第 5 章 防空作战指南

时至今日，空中进攻作战能力与航空母舰战斗群防空作战能力均得到了较大发展。针对航空母舰战斗群日益严密的防空作战体系，空中进攻作战体系从侦察探测、隐蔽突防、饱和攻击、毁伤破坏等多个方面对航空母舰战斗群

阿根廷海军装备的"超军旗"攻击机

造成威胁。即便是综合作战能力最强的美国航空母舰战斗群，其在防空作战方面也存在不少短板。

一般情况下，美国大型航空母舰每艘只能携载 80～90 架舰载机，其中专门用于防空作战的战斗机仅有 20～30 架左右。即便这些战斗机每天高强度出动，所能出动的架次也是比较有限的。另外，战斗机的作战任务非常繁重，既要掩护进行进攻作战的突击机群，又要担负战斗群的防空作战任务，还要掩护散布在外围的其他警戒兵力，掩护目标多、作战区域大、持续时间长。因此，航空母舰战斗群的舰载战斗机难以应付多方向、多批次的频繁袭扰和攻击。

🔊 TIPS:

2000 年 10 月，美国海军"小鹰"号航空母舰在日本海演习。虽然美国海军进入一级战备，但俄罗斯空军的 Su-27 战斗机和 Su-24RM 侦察机还是数次突破美国海军防空网，飞过"小鹰"号航空母舰上空，航空母舰上的战斗机根本没来得及起飞拦截。

美国海军"小鹰"号航空母舰

俄罗斯空军的苏-27战斗机

尽管美国海军航空母舰战斗群的护航舰艇配备了先进的"宙斯盾"防空作战系统,但它在对付饱和攻击和掠海攻击方面也存在着薄弱环节。"宙斯盾"系统的相控阵雷达不能克服地球曲率和海面杂波的影响,对低空或超低空目标发现距离近,难以发现低空高速飞行特别是掠海飞行的导弹。因此,航空母舰战斗群对抗低空隐蔽攻击目标较为困难,尤其是当突击兵力导弹射程能达到200千米以上时,各类武器平台可较容易地实现隐蔽接近航空母舰战斗群。敌方发动饱和攻击时,美国海军航空母舰战斗群也难以招架。每艘"阿利·伯克"级驱逐舰最多能抗击3～5个方向的导弹攻击。如果来袭空中兵力采用航路规划方式,从高空、超低空掠海和灌顶多方向,采用多弹道形式同时攻击,"阿利·伯克"级驱逐舰将难以全面抗击,漏掉的来袭导弹将对航空母舰战斗群造成较大的威胁。

高速航行的美国海军"阿利·伯克"级驱逐舰

当然，由于现代航空母舰本身具备很强的抗毁伤能力，空中突击兵力或兵器突防成功后未必能够击沉航空母舰。2005年5月，美国海军为了试验航空母舰的抗沉性能，对退役的"美国"号航空母舰进行了空中、水面和水下等多种形式的实弹攻击，用了整整25天才将其击沉。而在实战中，航空母舰可不会这样任人摆布。由此看来，要在实战中击沉航空母舰并不是一件容易的事。

不过，即便无法击沉航空母舰，空中突击兵力也有可能让航空母舰战斗群丧失战斗能力。突防成功的空袭兵力或兵器如果能够对航空母舰重要部位构成毁伤，将极大地削弱航空母舰战斗群的作战能力。例如，航空母舰上的飞行甲板通常采用优质高强度合金钢制成，但它只能抵挡普通穿甲弹的进攻，而无法抵挡能穿透厚度达800毫米装甲板的聚能穿甲弹或超音速动能弹头。加之航空母舰飞行甲板面积较大，被对方导弹击中的概率相对也较大。战时航空母舰的飞行甲板一旦被击中，舰载机就无法顺利起飞和降落。此外，如果升降机、弹射器或拦阻装置这些重要设备被击毁，航空母舰战斗群也将处于被动挨打的境地。

总体来说，航空母舰战斗群的防空作战能力在不断提升，而空中进攻方也在不断地研发新的打击兵器、提出新的突防方式。例如，利用超音速反舰导弹或弹道导弹打击航空母舰战斗群等。因此，在可以预见的未来，空中威胁仍将是航空母舰战斗群所面临的主要威胁，双方都会在激烈的对抗中不断增强实力。

5.1.2 | 反舰导弹的威胁

反舰导弹是空中突击兵力对付航空母舰战斗群时的主要武器，多次用于现代战争。多次海战的实践表明，反舰导弹是一种效费比很高的武器，1～2枚单价约为50万美元的反舰导弹就能使单价为1亿～2亿美元的驱护舰丧失战斗力甚至沉没，效费比达200～500倍。在1982年的马岛战争中，阿根廷军队便使用机载"飞鱼"反舰导弹，击沉了英国"谢菲尔德"号导弹驱逐舰，该舰也因此成为英国自二战之后第一艘被击沉的军舰。1987年5月

17日，一架伊拉克战斗机发射了2枚"飞鱼"反舰导弹，击中美国海军"史塔克"号巡防舰，造成该舰严重损害。根据资料，"谢菲尔德"号导弹驱逐舰和"史塔克"号巡防舰在中弹前，完全没有侦测到来袭的"飞鱼"反舰导弹。

被阿根廷军队击沉的英国"谢菲尔德"号导弹驱逐舰

美国海军"史塔克"号巡防舰被"飞鱼"反舰导弹击中

第 5 章　防空作战指南

"史塔克"号巡防舰被"飞鱼"反舰导弹击中的部位

在反舰导弹的发展方面，西方国家主要是对现有的亚音速导弹，如美国"鱼叉"反舰导弹、法国"飞鱼"反舰导弹、德国"鸬鹚"反舰导弹、以色列"加百列"反舰导弹、英国"海鹰"反舰导弹等进行改进。改进重点放在软件和新型导引头的研制方面，以提高导弹在硬杀伤和软杀伤对抗环境中的生存能力。而在超音速反舰导弹的研制方面，却没有太大进展。与西方国家相反，俄罗斯在反舰导弹的研制方面侧重大型的超音速导弹，如 Kh-31 空对舰导弹、3M80 舰对舰导弹及 Kh-15 空对舰导弹。

美国"鱼叉"反舰导弹

"阵风"战斗机挂载的"飞鱼"反舰导弹　　　　以色列"加百列"反舰导弹

在反舰导弹的应用方面,最著名的莫过于苏联提出的"饱和攻击"作战理论。从20世纪50年代起,苏联就十分重视各种类型的反舰导弹发展,其目的是对付美国的航空母舰战斗群。为了更有效地打击美国的航空母舰战斗群,苏联海军在60年代提出了"饱和攻击"作战理论,即由水面舰艇、空中飞机、水下潜艇等多种类型作战平台,在较短的时间由空中、水面、水下等多维空间,从不同方向、不同层次对美国航空母舰战斗群实施高密度的连续突击,迫使美国航空母舰战斗群防空系统处于难以应对的饱和状态,从而达到部分或少量反舰导弹突破防线、毁伤航空母舰战斗群的目的。

俄罗斯 Kh-31 反舰导弹

第 5 章 防空作战指南

俄罗斯 Kh-15 反舰导弹

俄罗斯 Kh-35 反舰导弹

为了对抗苏联的"饱和攻击",美国主要的应对措施是大力发展装备"宙斯盾"系统的航空母舰战斗群防空舰,即"提康德罗加"级巡洋舰和"阿利·伯克"

级驱逐舰。作为"饱和攻击"作战方式的应对装备,"宙斯盾"军舰具有反应速度快、同时对付多个目标和备弹量多的特点。"宙斯盾"军舰装备了 Mk 41 型垂直发射系统,发射"标准"防空导弹的速率达到每秒 1 枚,是常规方式发射速率的 5 ～ 10 倍。"宙斯盾"系统中的 AN/SPY-1 雷达搜索跟踪快,可在 1 秒钟内测定目标方位,并为火控系统提供目标方位、距离、高度、速度等参数,雷达由搜索到跟踪的转换时间仅为 50 微秒。AN/SPY-1 雷达具备多目标处理能力,可同时监视 400 批、自动跟踪 100 ～ 150 批目标,并可同时引导舰空导弹攻击 12 ～ 18 批来袭空中目标。"宙斯盾"军舰的备弹量大,"提康德罗加"级巡洋舰共携带各类"标准"防空导弹 122 枚,"阿利·伯克"级驱逐舰携带防空导弹 90 枚。因此,综合上述各项特点,虽然"宙斯盾"军舰抗击低空来袭目标效果不是十分理想,但仍具备一定的抗"饱和攻击"能力。

美国海军"提康德罗加"级巡洋舰上的 Mk 41 型垂直发射系统

进攻方对航空母舰战斗群实施"饱和攻击"时,从不同方向、不同高度发射多枚反舰导弹后,反舰导弹将会遭到航空母舰战斗群"宙斯盾"军舰的抗击。在此之前,进攻方发射反舰导弹的海空平台还会遭到航空母舰舰载机先发制人的打击。对航空母舰战斗群实施"饱和攻击",进攻方需要集中足

第 5 章 防空作战指南

够数量的火力打击平台,包括空中飞机、水面舰艇和水下潜艇,从不同的高度和方向对航空母舰战斗群实施多方向、多批次的攻击行动。目前,反舰导弹的射程有限,最远只能够达到 400～500 千米,与之相比,航空母舰舰载机的作战半径要远得多。因此,反舰导弹发射平台在能够对航空母舰战斗群造成实质性威胁之前,可能会首先遭受到航空母舰舰载机的先期攻击。另外,对航空母舰战斗群发起"饱和攻击",需要进攻方集结数量十分庞大的海空突击兵力,并依赖其强大的指挥协调能力,世界上真正具备"饱和攻击"能力的国家屈指可数。即使能够实现"饱和攻击",经过航空母舰战斗群舰载机的先期打击,经过"宙斯盾"军舰的多目标、多方向抗击,以及航空母舰战斗群内各目标的近程抗击,真正能够突破航空母舰战斗群防御圈,打得中战斗群内目标,尤其是能够击中航空母舰自身的反舰导弹也并不多。

美国海军正在研发的 AGM-158C 远程反舰导弹

5.1.3 | 防空作战的特点

航空母舰战斗群早期的防空作战主要由舰载机和火炮承担。现代条件下航空母舰战斗群所承受的空中威胁大,为保证航空母舰战斗群的安全,需要由多种兵力兵器共同组建成完整的防空作战体系,以多种样式协调一致地完成防空任务。在现代条件下,航空母舰战斗群防空作战有如下几个特点。

航母战斗群作战指南

体系对抗

现代航空母舰战斗群防空作战，已不再是哪一类兵力或兵器的作战任务，而是由航空母舰战斗群内多类兵力或设施组建成完整的防空作战体系，必要时纳入外部作战资源后共同承担的作战任务。以美国航空母舰战斗群为例，它在防空作战中可以获取卫星情报等外部远程信息，以判断战斗群受空中威胁的程度。当战斗群受空中威胁严重时，E-2C 舰载预警机起飞前出至受敌空中威胁方向，在 200～400 千米外发现来袭的导弹和飞机，为舰队提供及时的早期预警，同时指挥 F/A-18 战斗 / 攻击机对其进行远程拦截。对于已经发射的敌方反舰导弹，分别由舰载战斗机发射的空对空导弹和护航舰艇上携带的中近程舰对空导弹进行多层次拦截。

航空母舰战斗群中，舰载航空兵担任反舰导弹的远程预警和拦截任务，可以发挥空中预警系统对低空目标探测效果好的优势，弥补舰载雷达低空探测能力的不足；可以充分发挥舰载战斗机活动范围广、机动能力强的优势，对来袭的空中目标实施外层拦截。预警机除了引导战斗机拦截来袭空中目标外，还能够将目标信息传递给防空舰艇，为舰对空导弹抗击提供目标指示。但是，由于预警机提供的信息精度不足以对舰对空导弹进行制导，因此远程舰对空导弹通常是在预警机的导引下飞向拦截空域，依靠自身的主动导引头搜寻目标，对来袭反舰导弹等目标进行拦截。

编队飞行的 E-2C 舰载预警机

第 5 章　防空作战指南

F/A-18 战斗/攻击机实施远程拦截

☞ 攻势防空

航空母舰战斗群作为一种攻防兼备的作战系统，其真正威力在于其强大的制海和制空能力，依靠其强大的对海、对地攻击能力，可以在任何平台对其发射反舰导弹之前将其摧毁，这种攻势防御是航空母舰战斗群最重要的安全保障。现代航空母舰战斗群第一攻势防空利器是装备在战斗群内水面舰艇和潜艇上的数量庞大的巡航导弹。

以美国海军为例，航空母舰战斗群所携带的巡航导弹有多种类型，其中包括对陆攻击型和对舰攻击型，其射程最远达到 2000～2500 千米，单航空母舰战斗群所携带的"战斧"巡航导弹可达 140 枚。每艘航空母舰所配备的攻击机数量通常为 30～40 架，按最大出动强度计算，单航空母舰战斗群一天可出动 100 多架次实施对地与对海攻击。综合两个方面的情况，单航空母舰战斗群一次出动，可以对上百个地面或海面目标实施攻击行动。

航母战斗群作战指南

浩浩荡荡的美国海军"卡尔·文森"号航空母舰战斗群

美国海军 F/A-18 战斗 / 攻击机准备起飞

第 5 章　防空作战指南

▶ **协同防空**

依托现代通信与网络技术，航空母舰战斗群可以实施协同防空，即网络中心战在航空母舰战斗群防空作战中的具体运用。协同防空要求航空母舰战斗群防空作战具备三个关键能力。第一，能使多个舰载、机载和陆基系统提供的目标信息生成并共享一个一致的、精确的和可靠的空中威胁图像。第二，使作战系统的威胁应对决策机制能够实时地在战斗群的所有兵力中进行协调。第三，能在网络上传送火控质量的目标诸元信息，一旦有可能，兵力群中的某一舰船或飞机能够在其本身的雷达并没有掌握这些目标诸元数据的情况下对来袭飞机和导弹进行拦截。如此一来，航空母舰战斗群方能有效拦截难以对付的空中来袭目标，如低空飞行的超音速巡航导弹。

在不利的处境下，由于系统受所处位置、环境或者本身探测器和武器性能的限制，单独一个防空作战单元可能无法摧毁正在来袭的敌方导弹或飞机。航空母舰战斗群协同防空能够利用在不同地点的多个传感器和武器的整体能力，弥补单个系统的不足或克服其位置局限，成功地对付来袭的空中目标。

俯视印度海军"维拉特"号航空母舰

航母战斗群作战指南

🖖 电子防空

在制电磁权对制空权、制海权起关键性作用的今天，电子防空是航空母舰战斗群防空作战的重要组成部分。在英阿马岛战争中，软杀伤手段在英军的舰队防空作战中发挥了重要作用。英军舰队在面临阿军的导弹攻击时采取了各种电子对抗措施，如释放电子和红外干扰以降低导弹导引头的捕捉概率，同时进行规避机动，破坏导弹的持续跟踪。英阿马岛战争表明，现代战争中电子系统的广泛应用以及与各武器系统的紧密结合，将使电子对抗贯穿整个作战行动的始终。电子对抗已经从作战保障样式转变为作战行动样式，成为一种实实在在的攻防手段。因此，电子战装置已经成为现代海军舰艇的基础装备。

美国海军 F/A-18 战斗／攻击机发射箔条干扰弹

第 5 章 防空作战指南

5.2 防空作战的兵力配置

5.2.1 防空区域的划分

航空母舰战斗群的防空作战，历来强调实施先发制人的攻势防御，如派遣航空兵或发射巡航导弹突袭，将对方航空兵以及各种导弹摧毁或压制于机场或基地。在组织攻势作战的同时，航空母舰战斗群也十分重视防御性防空作战。以美国航空母舰战斗群为例，其对空防御任务由舰载机和防空舰艇共同完成，以两类兵力为主构成大纵深、多层次、立体多维的环形对空防御体系。航空母舰战斗群的对空防御体系通常划分为远程、中程和近程 3 个防空区域进行作战活动。

远程防空区

远程防空区分为远程侦察警戒区和远程截击区。远程侦察警戒区内由舰载远程对空警戒雷达和预警机共同探测发现来袭的空中目标。舰载远程对空警戒雷达能够在较远的距离上发现从中、高空来袭的空中目标，如美国海军"阿利·伯克"级驱逐舰的舰载 AN/SPY-1D 相控阵雷达对中高空目标发现距离可达 400 千米以上。由于受地球曲率的影响，舰载远程对空雷达对低空或超低空来袭目标的探测距离近，如 AN/SPY-1D 雷达对超低空来袭目标探测距离不超过 50 千米。而现代反舰导弹射程已经超过了 100 千米，敌方飞机就可以贴着海面轻松地飞到防空舰艇的视线死角里。

测试中的 AN/SPY-1D 相控阵雷达

美国是第一个在航空母舰战斗群中使用预警机的国家,前后发展了多款预警机,其中最具代表性的是 E-2C 预警机。该机的巡逻高度为 7.5～9 千米,对大型轰炸机发现距离为 460 千米,对巡航导弹等小目标发现距离为 270 千米。航空母舰战斗群预警机巡逻空域通常配置在敌方来袭的主要方向上,并根据预警机探测能力与敌机来袭扇面大小确定预警机的前出距离。当来袭扇面不大时,E-2C 预警机前出 300～400 千米,加上预警机自身的探测距离,E-2C 对来袭空中目标的探测纵深达到 600～850 千米。因此,美国航空母舰战斗群远程侦察警戒区范围包括距离航空母舰 400～850 千米的纵深区域。

远程截击区是指预警机等发现来袭的空中目标,及时引导舰载战斗机对来袭的飞机或导弹实施拦截作战的行动区域。舰载战斗机通常使用甲板待战出动截击和空中待战出动截击两种方式实施拦截作战行动,使用甲板待战出动截击时兵力使用较为经济,但截击距离相对较小;使用空中待战出动截击时能够提高反应速度,扩大截击范围,但兵力消耗相对较大。美国航空母舰战斗群的 F/A-18 战斗/攻击机使用甲板待战出动截击时远程截击纵深为 120～375 千米,使用空中待战出动截击时战斗机巡逻空域配置在距航空母舰 160～400 千米的位置上。

美国海军 E-2C 预警机起飞

第 5 章　防空作战指南

美国海军 E-2C 预警机正在执行任务

美国海军 F/A-18 战斗 / 攻击机编队作战

中程防空区

中程防空区主要由航空母舰战斗群内具备"面防御"能力的军舰承担防

航母战斗群作战指南

空任务,这些军舰会拦截、干扰突破远程防空区的敌方飞机和反舰导弹,并给近程防空区的各舰提供目标指示。以美国航空母舰战斗群为例,其中程防空区的防空任务主要由"宙斯盾"军舰负责。单航空母舰战斗群内通常由2~4艘"宙斯盾"军舰承担中程防空任务。"宙斯盾"军舰以扇形或环形配置在航空母舰周围,并前出一定距离,在受敌方空中威胁较大的方向上形成连续的对空抗击区域。

美国航空母舰战斗群中的"宙斯盾"军舰包括"阿利·伯克"级驱逐舰和"提康德罗加"级巡洋舰,两类军舰分别装备了"标准"系列防空导弹。以装备"标准"Ⅱ型防空导弹为例,其基本型射程为74千米,射程增大型的射程为104千米,加上"宙斯盾"军舰自身前出近16千米的距离,因此,装备"标准"Ⅱ型防空导弹的美国航空母舰战斗群中程防空区的边缘距航空母舰可达120千米。在"宙斯盾"军舰没有加入航空母舰战斗群前,战斗群内其他舰艇也能够为航空母舰提供一定程度的对空防御。当然,这种情况下航空母舰战斗群有着对空防御手段单一、中间衔接段存在着明显漏洞的问题。因此,以"宙斯盾"军舰为主要兵力构成的中层防空区对于形成完整的对空防御体系、保证航空母舰安全有着重要意义。

美国海军"阿利·伯克"级驱逐舰

第5章 防空作战指南

美国海军"提康德罗加"级巡洋舰

近程防空区

近程防空区是包括航空母舰自身在内的各型舰艇提供"点防御"的区域,它是航空母舰战斗群最后一道防空区域,其任务是对穿越前两层防空区域的、数量不多的空袭目标实施火力抗击或电子干扰。如果近程防空区内的防空行动失败,航空母舰战斗群将面临丧失战斗力甚至消亡的命运。

近程防空区的防御武器主要是航空母舰战斗群内各兵力装备的近程导弹、火炮和电子战设备等。以美国航空母舰战斗群为例,在近程防空区内,首先,由普遍装备于航空母舰和各警戒舰艇的近程防空导弹实施对空抗击,其射程为15千米;其次,由航空母舰和各警戒舰艇均装备的多座"密集阵"近程防御武器系统实施自卫抗击,其射程为3千米,以弥补近程防空导弹的近程死区;最后,由各舰艇以发射箔条干扰弹等方式实施自卫式电子干扰,以最大限度地降低敌导弹的命中概率。从上述近程防空武器的射程看,美国航空母舰战斗群近程防空区通常包括距离航空母舰战斗群外围警戒舰艇15千米以内的整个区域。

航母战斗群作战指南

"密集阵"近程防御武器系统正在开火

美国海军"提康德罗加"级巡洋舰的 Mk 38 型舰炮正在开火

5.2.2 防空兵力的配置

空中防空兵力

航空母舰战斗群的空中防空兵力包括预警机、电子战飞机、战斗机、战斗/攻击机等多种类型，各类兵力在航空母舰战斗群防空作战中承担不同的任务。预警机负责战斗群早期预警，尽早发现来袭的空中目标；电子战飞机负责对来袭的敌机或导弹实施电子干扰；战斗机或战斗/攻击机负责对敌机、导弹实施拦截。以美国航空母舰战斗群为例，在单航空母舰战斗群中，防空作战兵力通常包括4架E-2C预警机、4架EA-18G电子战飞机和大约50架F/A-18战斗/攻击机。在一般空中威胁时，航空母舰战斗群起飞4架F/A-18进行空中巡逻，另外可起飞E-2C预警机、EA-18G电子战飞机各1架实施早期预警与电子干扰。在空中威胁严重时，防空兵力可适当增加。

航空母舰战斗群配置空中防空兵力时，通常以航空母舰为基准点，以空袭兵力主要来袭方向的中心线为防空威胁轴线，合理确定各类兵力的前出位置与配置方向。以美国航空母舰战斗群为例，战斗机使用空中待战巡逻时，空中巡逻方式分为远程巡逻和中程巡逻两种。当空袭兵力的武器射程较远时，战斗机使用远程巡逻，巡逻空域距航空母舰150～200海里；当空袭兵力的武器射程较近时，战斗机使用中程巡逻，巡逻空域距航空母舰50～100海里。在配置方向上，远、中程巡逻时战斗机均以防空威胁轴线为中心线，呈单机或双机对称配置，以航空母舰为中心相邻两巡逻空域之间的夹角，根据空中威胁扇面的大小和空中巡逻机的多少决定，通常取10°～60°范围。E-2C预警机一般配置在防空威胁轴±20°范围内，为保证在较远的距离上发现来袭的空中目标，预警机前出的距离较远，通常为150～200海里，最远甚至可达250海里。EA-18G电子战飞机一般配置在防空威胁轴±10°～±20°范围内，必要时活动范围可达±60°范围，前出的距离与预警机类似。当预警机与电子战飞机在巡逻空域上有重叠时，可以采用高度差的方式加以调整。例如，预警机在8～9千米的高空巡逻，电子战飞机在6～7千米的中空待战。

多航空母舰战斗群防空作战时，在一般空中威胁时，由1艘航空母舰舰载机执勤，其他航空母舰舰载机待命。在空中威胁严重时，则按航空母舰舰载机联队建制统一划分防空区域,如双航空母舰战斗群防空作战时,以防空威胁轴为分界线,每艘航空母舰各负责90°扇面,3艘航空母舰战斗群防空作战时,单艘航空母舰负责60°扇面。

美国海军F/A-18战斗/攻击机在空中机动

第 5 章　防空作战指南

美国海军 EA-18G 电子战飞机在航空母舰上空飞行

美国海军 E-2C 预警机编队

美国海军"里根"号航空母舰及其空中防空兵力

法国海军"阵风"M战斗机在航空母舰上空飞行

水面防空兵力

除空中防空兵力外,航空母舰战斗群的另一类重要防空兵力就是水面防空兵力,即战斗群内的水面舰艇。装备远程防空导弹的水面舰艇通常承担战

第5章 防空作战指南

斗群的区域防空任务,而装备近程防空导弹的水面舰艇只负责自身防御。根据不同的作战阶段,单航空母舰战斗群通常派出1～2艘区域防空舰,前出一定距离,作为防空哨舰使用,其他防空舰将配置在航空母舰附近海域。多航空母舰战斗群防空作战时,担负防空哨舰任务的舰只可增加至4～6艘。

航空母舰战斗群在海上航行时,防空哨舰要前出配置,以形成一定的火力纵深,增加对来袭空中目标的抗击层次,提高防空作战效果。确定防空哨舰的前出距离,通常以舰载对空武器的射程为依据,舰空导弹射程越远,防空哨舰前出越远。以美国航空母舰战斗群为例,"标准"Ⅱ型防空导弹射程为74千米,射程增大型射程达104千米,"标准"Ⅰ型防空导弹射程为40千米,射程增大型射程为60千米。因此,装备"标准"Ⅱ型射程增大型导弹的"宙斯盾"军舰前出100～150海里,担负远程防空哨舰任务;装备"标准"Ⅱ型或"标准"Ⅰ型射程增大型导弹的"宙斯盾"军舰前出60～100海里,担负中程防空哨舰任务;装备"标准"Ⅰ型的驱逐舰或护卫舰通常配置在内掩护幕,距航空母舰5～15海里。当然,防空哨舰的配置位置比较灵活,防空指挥官可根据敌情威胁等因素随时进行调整。

航空母舰战斗群进入综合作战区后,除仍受到较大的空中威胁外,还会受到潜艇等兵力的威胁。因此,航空母舰战斗群为综合应对所有的威胁形式,防空哨舰前出的距离要求适当缩小。例如,只设1艘防空哨舰时,通常前出60～80海里,设2艘防空哨舰时,其中一艘要进一步缩减前出距离。在特殊情况下,如果需要对敌方进行威慑或者演习任务需要时,防空哨舰前出的距离也可适当扩大。

美国海军"阿利·伯克"级驱逐舰编队航行　　法国海军"卡萨尔"级防空驱逐舰

意大利海军"地平线"级防空驱逐舰

5.3 防空作战的步骤

航空母舰战斗群防空作战可划分为早期预警、跟踪识别、拦截交战和舰载机归航四个步骤,其中前三个步骤尤为关键。

5.3.1 早期预警

航空母舰战斗群防空作战的早期预警由舰载预警机、防空哨舰及战斗群内其他装备对空搜索雷达的舰艇共同完成。在早期预警过程中,航空母舰战斗群各类预警雷达根据电磁辐射管制的不同等级酌情开机使用。

在最高等级的电磁辐射管制状态下,为避免航空母舰战斗群被敌方侦察

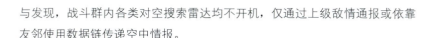

第 5 章 防空作战指南

与发现,战斗群内各类对空搜索雷达均不开机,仅通过上级敌情通报或依靠友邻使用数据链传递空中情报。

在较高等级的电磁辐射管制状态下,预警机、远程防空哨舰、部分中程防空哨舰和距离航空母舰较远的飞机可使用对空搜索雷达。为避免暴露航空母舰自身的位置,离航空母舰较近的护卫舰艇必须保持对空雷达静默。

只有在最低等级的电磁辐射管制状态下,战斗群内所有担负对空监视任务的舰艇和飞机才可打开对空搜索雷达和敌我识别器,力争尽早发现来袭的空中目标。

预警机、防空哨舰和其他水面舰艇一旦发现空中目标,应按识别标准进行跟踪识别,并利用数据链、通过防空作战控制报告网向防空作战指挥官报告。

> **TIPS:**
> 在 1982 年的马岛战争中,被阿根廷军队发射的"飞鱼"反舰导弹击沉的"谢菲尔德"号驱逐舰就是承担英国海军"无敌"号航空母舰战斗群的防空哨舰任务。当时英国海军航空母舰战斗群中没有舰载预警机,这是导致"谢菲尔德"号驱逐舰被击沉的重要原因。

法国海军装备的 E-2C 舰载预警机

俄罗斯海军 Ka-31 预警直升机

俄罗斯海军"无畏"级驱逐舰(下)和美国海军"阿利·伯克"级驱逐舰(上)

5.3.2 跟踪识别

预警机和防空哨舰等发现空中来袭目标信息后,首先要将信息传送给跟踪雷达系统,以便对目标进行跟踪识别。在对目标的跟踪过程中,目标的实时位置等信息被传送到航空母舰战斗群防空作战指挥系统,目标数据被录取,建立了目标的航迹,并综合多方面信息进行目标威胁判断。根据发现目标的特性,航空母舰战斗群将发现目标划分为敌方目标、假定敌方目标、友方目标、假定友方目标和不明目标。一旦发现敌方目标或假定敌方目标,必须立即进行跟踪,对发现的不明目标要不断地进行跟踪识别,直至识别清楚为止。

第 5 章　防空作战指南

针对目标的识别方法有敌我识别器识别、目力识别、电子信号特征识别、通信识别和按飞行剖面识别。在发现不明飞机时，航空母舰可使用敌我识别器识别检查，如距离远而导致识别信号弱，可要求空中预警机或护航舰艇利用敌我识别器或其他多种方式协助识别，直至判断出目标基本属性。对于来袭的反舰导弹等目标，航空母舰战斗群主要通过目标的电子信号特征和飞行剖面加以识别。在航空母舰战斗群防空作战中，跟踪识别任务非常繁重，在紧急情况下可能会发生识别错误的事件，进而导致影响恶劣的误击事件。

🔊 **TIPS：**

1988年7月3日，美国海军"文森斯"号巡洋舰在海湾地区将1架空中客车A300客机误认为伊朗军队的F-14战斗机，并发射了2枚"标准"防空导弹，将其击落在波斯湾中，机上290人全部遇难。

美国海军"提康德罗加"级巡洋舰上的战斗情报中心

美国海军航空母舰战斗群中的"阿利·伯克"级驱逐舰

5.3.3 | 拦截交战

经过跟踪识别，判明发现目标为敌方目标或假定敌方目标后，战斗群内的防空兵力可启动火控雷达对目标进行跟踪，并力求在尽可能远的距离上实施拦截交战。来袭目标为单个目标时，需要按目标速度进一步区分。对于低速目标，拦截兵力必须经过多个识别步骤或经目力识别为敌方时才可进行攻击；对于高速目标，空中巡逻机利用敌我识别器进行识别，目标不回答即可进行攻击，舰艇经过上述识别方法中的两种方法识别后即可进行攻击。

确定可对目标实施攻击后，防空指挥官发出舰载机拦截命令。在航空指挥系统的引导下，舰载机从航空母舰起飞或由待战空域转向，接近敌机实施格斗，将敌机击落，或者利用空对空导弹拦截来袭的反舰导弹。

如果舰载机拦截后尚有少量来袭目标继续向航空母舰战斗群接近，此时航空母舰战斗群的区域防空舰将发射中远程舰对空导弹进行拦截。区域防空系统在战斗群的统一指挥控制下，跟踪和计算目标运动要素，并发射区域防空导弹实施中层拦截。

经中层拦截后仍可能有极少数来袭目标。例如，敌机发射的空对舰导弹，突破区域防空而向航空母舰战斗群进一步接近。对于这类目标，首先由航空母舰战斗群的电子战系统实施欺骗干扰，使空对舰导弹偏离目标。其次由航空母舰战斗群近程防空系统中的防空导弹和近程防御武器系统实施近程火力抗击，力争完全摧毁来袭目标。

美国海军 F/A-18 战斗 / 攻击机执行拦截任务

第 5 章　防空作战指南

美国海军"阿利·伯克"级驱逐舰发射防空导弹

美国海军"提康德罗加"级巡洋舰发射防空导弹

承担防空任务的俄罗斯海军"无畏Ⅱ"级驱逐舰

携带了"阿斯特"防空导弹的英国海军"勇敢"级驱逐舰

第 5 章　防空作战指南

5.4 防空作战的武器

5.4.1 舰对空导弹

舰对空导弹是从舰艇发射攻击空中目标的导弹，是航空母舰战斗群的主要防空武器。它与舰艇上的指挥控制、探测跟踪、水平稳定、发射系统等构成舰艇防空导弹武器系统。

早在二战末期，美国海军就曾研制一种以超音速冲压发动机为动力的舰对空导弹。1955 年，美国首先在"波士顿"号巡洋舰上装备"小猎犬"中程舰对空导弹。1959 年，制成"黄铜骑士"远程舰对空导弹，装备在"加尔维斯顿"号等巡洋舰上。1961 年，又制成"鞑靼人"中近程舰对空导弹，装备在驱逐舰和巡洋舰上，与"小猎犬"导弹、"黄铜骑士"导弹形成美国海军第一代舰艇编队防空舰对空导弹系列。为防御超低空飞机和掠海飞行反舰导弹的袭击，自 60 年代末以来，美国的"拉姆"、英国的"海狼"、法国的"海响尾蛇"等超低空、快速反应的舰对空导弹武器系统，先后被研制成功。此后，美国又在"鞑靼人"和"小猎犬"导弹基础上发展出"标准"系列防空导弹，其中"标准"Ⅰ型于 1969 年开始服役，"标准"Ⅱ型于 1981 年开始服役。目前，舰对空导弹的主要发展趋势是：采用垂直发射、复合制导、抗干扰技术、智能技术等，使其成为快速反应、高发射率、高速机动、高杀伤力和自动寻的精密制导与多种防空武器联合作战的系统。

美国"拉姆"舰对空导弹及其发射装置

美国"标准"Ⅰ型舰对空导弹

英国"海狼"舰对空导弹

第 5 章 防空作战指南

🔊 **TIPS:**

　　海战实例表明,舰对空导弹是一种有效的舰艇防空武器。在马岛战争中,英国护卫舰发射"海标枪""海猫"舰对空导弹击落阿根廷飞机多架。在海湾战争中,美国"海标枪"舰对空导弹击落 1 枚伊拉克"蚕"式导弹。

英国"海标枪"舰对空导弹及其发射装置

221

舰对空导弹按其射程分为远程舰对空导弹、中程舰对空导弹、近程舰对空导弹；按射高分为高空舰对空导弹、中空舰对空导弹、低空舰对空导弹；按作战使用分为舰艇编队防空导弹（如美国"标准"Ⅱ型导弹）和单舰艇防空导弹（如英国"海狼"导弹）。舰对空导弹的最大射程达100余千米，最大射高20余千米，其动力装置多为固体火箭发动机，也有用冲压喷气发动机的。制导方式一般采用遥控制导或寻的制导，有的采用复合制导。战斗部多采用普通装药，由近炸或触发组合式引信起爆。

目前，垂直发射的舰对空导弹已经成为世界海军装备的主流，发达国家大批新造舰艇和在役舰艇都开始安装舰对空导弹垂直发射系统。近程舰对空导弹垂直发射系统有热发射和冷发射两种发射方式，美国和欧洲国家多采用热发射，而俄罗斯多采用冷发射方式。美国的"海麻雀"导弹和英国的"海狼"导弹采用热发射的初衷是用最简洁的办法将现有近程导弹改成垂直发射，而俄罗斯则是全新系统，因此无须考虑对现有导弹进行折中。由于用导弹发动机直接热发射会损失射程，英国"海狼"系统在导弹后加装了一级起飞发动机舱段，这个舱段还具有增程作用。

美国海军勤务人员正在填装"拉姆"舰对空导弹

第 5 章　防空作战指南

美国"拉姆"舰对空导弹发射时的后焰

美国"标准"Ⅰ型舰对空导弹发射时的后焰

美国"海麻雀"舰对空导弹发射瞬间

美国海军"卡尔·文森"号航空母舰发射改进型"海麻雀"舰对空导弹

英国海军"公爵"级护卫舰发射"海狼"舰对空导弹

5.4.2 近程防御武器系统

  航空母舰战斗群是远洋海战的主要力量,就其防御而言,大致可分为3个区域,即远程防御区、中程防御区和近程防御区。所谓远程防御区,主要由舰载预警机、战斗机及航空母舰本身及其护航舰艇上的中程防空导弹、搜索雷达等系统构成。当预警机和搜索雷达发现入侵目标时,便可在第一时间作出反应,变被动为主动,让战斗机和防空导弹进行拦截。中程防御区主要以近程防空导弹及电子干扰系统为主,但近程防空导弹不能很有效地对低空、高速的反舰导弹进行拦截,而电子干扰系统也无法保证100%的干扰成功率,所以难免会有一些"漏网之鱼"突破前两道防线。这样一来,整个航空母舰战斗群就会完全暴露在敌方可视范围内,每艘舰艇都将成为"活靶子"。此时,航空母舰及其他护航舰艇就需要使用最后一道防线——近程防御武器系统。

  近程防御武器系统的发展与航空母舰的发展及反舰导弹的发展有着紧密的联系。早期航空母舰的固定武器主要有100毫米以上口径舰炮、20～30毫米高射炮及高射机枪。这些高射炮及高射机枪多为人工操作,其射速低、

第 5 章　防空作战指南

精度低、毁伤能力低，不能给航空母舰提供有效的保护。此外，更多的防空任务则交给其他护航舰艇，整个航空母舰战斗群的防空能力十分有限。之后，近程防空导弹被航空母舰所应用，使航空母舰的防空能力有所提高。然而，反舰导弹的速度越来越快、隐身能力越来越好、自身规避能力越来越强，使防空导弹有时也无能为力。因此，近程防御武器系统受到了一些国家的关注，它们纷纷着手研制新一代防空武器，用小口径舰炮发射高速密集炮弹来拦截反舰导弹及战机。

在这种背景下，美国的"密集阵"、荷兰的"守门员"、俄罗斯的"卡什坦"、西班牙的"梅罗卡"等近程防御武器系统纷纷应运而生。虽然这些近程防御武器系统的设计并不相同，但它们拥有如下一些共同的优点。

精确度高

在实战中，如果反舰导弹突破了远程防御区和中程防御区，那么航空母舰的安危就落在近程防御武器系统上了，所以不允许它们出现大的失误。正因为近程防御武器系统担负的任务十分重要，所以各国都非常重视其精确度，要求近程防御武器系统必须在有限的时间里拦截一切入侵者。例如美国的"密集阵"近程防御武器系统、荷兰的"守门员"近程防御武器系统就集跟踪雷达、搜索雷达和火炮的功能于一身，提高了目标指示精度；西班牙的"梅罗卡"近程防御武器系统、俄罗斯"卡什坦"炮弹合一武器系统将跟踪雷达放在火炮炮架上，以减少船体其他部位对近程防御武器系统的影响，进而减少误差；意大利的"海上卫士"在舰炮的摇架上增加了支架结构，降低了因炮管射击产生的震动误差。

西班牙"梅罗卡"近程防御武器系统

火力密度大

作为航空母舰的最后一道防线，近程防御武器系统的火力密度是十分重要的。射速的提高可以使近程防御武器系统在有限的时间里多发射上百发炮弹。因此，提高射速一直是各国研究的重点。例如，采用将转管炮和转膛炮组合成多联装火炮。俄罗斯的"卡什坦"炮弹合一武器系统联装了2座6管30毫米转管炮，最大射速达到10000发/分。荷兰的"守门员"近程防御武器系统，其GAU-8/A型7管30毫米火炮射速为4200发/分。

荷兰"守门员"近程防御武器系统

"守门员"近程防御武器系统正在开火

第 5 章 防空作战指南

毁伤力高

反舰导弹对航空母舰等水面舰艇的威胁不断增加，采用高新技术发展新型小口径弹药增强末端反导能力是发展趋势。为提高弹丸对目标的毁伤能力，各国进行了大量研究，开发了 AHEAD 弹、3P 弹、尾翼稳定脱壳穿甲弹等新型弹药，对导弹等空中目标的作战效能大大提高。例如，俄罗斯的"卡什坦"炮弹合一武器系统中的 6 管 30 毫米转管炮采用 30 毫米触发引信高爆榴弹，弹丸命中后虽不能穿透导弹战斗部引发爆炸，但可以利用弹丸碰撞目标的动能和弹内炸药产生的爆炸波以及爆炸的碎片来毁伤目标，使导弹偏离航线。

俄罗斯"卡什坦"炮弹合一武器系统

"卡什坦"炮弹合一武器系统侧面视角

☞ 适应性好

近程防御武器系统有良好的通用性和适应性。因为航空母舰战斗群中的各类水面舰艇都需要近程防御武器系统的保护,这对航空母舰来说更为重要。为达到这一目标,各国都尽力使近程防御武器系统轻型化、小型化,使其结构更加紧凑。例如:美国的"密集阵"重量为5.5吨;荷兰的"守门员"重量为6吨;意大利的"海上卫士"重量为4.5吨。

☞ 探测跟踪手段先进

近程防御武器系统重视多手段探测及跟踪目标的能力。例如,美国"密集阵"系统的后期型号增加了红外前视仪,提供可靠的24小时被动搜索及跟踪能力,以及多光谱探测能力,使"密集阵"系统在面对掠海飞行的目标时有更高的对抗能力,从而提高了"密集阵"系统在复杂环境中的对空作战能力。

第 5 章　防空作战指南

美国"密集阵"近程防御武器系统

美国海军"斯坦尼斯"号航空母舰的"密集阵"近程防御武器系统正在开火

为了充分发挥上述优点,水面舰艇安装近程防御武器系统的位置也很有讲究。首先应该考虑到能够防御不同方向来袭的目标。一般在驱逐舰、护卫舰上安装 2 座近程防御武器系统就能达到全方位防御的要求,但在航空母舰上的数量有明显增加。由于航空母舰的船体庞大、机动性能较低、上层建筑复杂，所以需要3～4座近程防御武器系统才能满足全方位防御需要。以美国航空母舰为例，"小鹰"级、"企业"号以及"尼米兹"级航空母舰的前2艘均只安装了3座"密集阵"近程防御武器系统，而"尼米兹"级航空母舰的后续舰则安装了4座"密集阵"近程防御武器系统，以确保拦截各个方位来袭的导弹及战机，不留死角。

考虑水面舰艇的整体布置，在一艘舰艇上，近程防御武器系统通常安装在较高的位置，射击时可以较少受到舰艇上其他设备的影响，确保方位射界。但对于航空母舰要考虑的因素就很多了。航空母舰有宽阔的飞行甲板，为了舰载机能够安全起降，飞行甲板上安装了许多特殊设备，近程防御武器系统不能安装在起降面上以防影响飞机起落。因此，在飞行甲板的一侧，近程防御武器系统安装在甲板下层平面上，且高度不可以超过飞行甲板，所以安装位置比较低，其方位射界相应减小。因此，在航空母舰上需要多座近程防御武器系统来承担防御任务。例如，美国"尼米兹"级航空母舰采用4座"密集阵"近程防御武器系统，安装在舰首的左右两侧。俄罗斯"库兹涅佐夫"号航空母舰上的30毫米AK-630反导速射舰炮在左右舷台上成对安装，在尾部的左右舷台上单座安装，"卡什坦"炮弹合一系统对称地安装在前后部。

美国海军"尼米兹"级航空母舰安装的"密集阵"近程防御武器系统

5.4.3 | 箔条干扰弹

箔条干扰弹是一种在弹膛内装有大量箔条以干扰雷达回波信号的信息化弹药,其造价低廉,使用方便,易获得宽频段特性,能同时干扰不同方向、不同频率、不同体制的多部雷达。但对脉冲多普勒雷达,干扰效果较差。同时,易受当时气象因素的影响。

箔条干扰弹通常有干扰丝、干扰片、干扰带(绳)等形式,其长度约为被干扰雷达波长的一半,主要是通过对雷达发射的电磁波谐振而产生强烈反射来实施干扰,所以也称为偶极子反射体。干扰箔片、带多采用延展性好、比重轻的铝箔制成,厚度一般为 8～25 微米。干扰丝多用玻璃纤维、尼龙丝作基体,表面涂覆铝、锌、银等金属,直径在十几至几百微米之间,其中常用的为 25 微米。

为便于使用和储存,一般将箔条包装成束、卷、包,组合成捆。使用时,由装在飞机、军舰或地面上的投放(发射)装置投放到空中,在气流的作用下散开形成箔条云。箔条的战术使用主要有以下几种:在空中大面积连续投放,形成干扰走廊或干扰屏障,以掩护己方机群的作战行动;间断投放有效反射面与真正目标相近的箔条包,形成许多雷达假目标,造成敌方雷达操作人员判读困难及数据处理系统过载;飞机、军舰在受到敌方雷达跟踪时,投放能迅速散开的箔条包或发射迅速爆炸的箔条弹,形成雷达诱饵,以摆脱敌方雷达的跟踪。

美国海军 MH-60R 直升机和"阿利·伯克"级驱逐舰均可实施欺骗干扰

美国海军 MH-60R 直升机发射箔条干扰弹

第 6 章

反舰作战指南

反舰作战主要是利用航空母舰战斗群各类建制武器，保卫自身安全，消灭敌海上各种兵力，夺取制海权。通常，航空母舰战斗群反舰作战由航空母舰舰载机、护航的驱逐舰和护卫舰，以及潜艇担任。本章主要介绍航空母舰战斗群的反舰作战。

6.1 反舰作战概述

6.1.1 反舰作战的优势

航空母舰战斗群是空中、水面和水下作战力量高度联合的空海一体化机动作战部队，集航空兵、水面舰艇和潜艇为一体，能够最大限度地满足反舰作战的基本要求。航空母舰战斗群在对水面舰艇作战中，拥有众多天然优势，具体包括以下几点。

👉 侦察预警能力强

"先敌发现、先敌进攻"一向是航空母舰战斗群在作战中强调的原则。在反舰作战行动中，航空母舰战斗群力求在尽可能远的距离内，提前发现目标。一旦发现敌方目标，就要在敌方武器射程之外对其进行目标定位，并在战斗群的武器最大射程内先发制人进行攻击，在敌方舰艇发射导弹之前将其消灭，以掌握作战主动权。

航空母舰战斗群依托自身的预警机和舰载雷达，构造成一个立体、高效的侦察、预警和监控网络，能够严密监视 920 千米范围的海上目标。如果在技术侦察、卫星侦察等远距离侦察手段的支援下，航空母舰战斗群反舰侦察探测区范围最远可达 2780 千米。以美国航空母舰战斗群为例，"尼米兹"级航空母舰上通常载有 4～5 架 E-2C 预警机，用以预先发现目标并作为空中作战指挥中心。该机能发现 460 千米远的来袭目标飞机，270 千米远的来袭导弹，为航空母舰战斗群提供 15 分钟以上的预警时间。与此同时，"宙斯盾"系统的相控阵雷达对海探测距离在 370 千米以上，能快速搜索和发现目标，同时探测和自动跟踪 200 个以上目标。

第 6 章　反舰作战指南

在大洋中航行的美国海军"尼米兹"级航空母舰战斗群

E-2C 预警机是美国海军航空母舰战斗群中重要的预警兵力

综合电子战能力强

近几十年来，随着电子技术的蓬勃发展及其在军事上的广泛应用，电子战已成为现代战争不可或缺的重要内容。航空母舰战斗群作为"海上霸主"，不仅拥有专门的电子战装备，而且战斗群内的舰艇和作战飞机普遍装备了性能良好的电子战系统。航空母舰战斗群反舰作战时，首先对目标实施电子干扰，使其致盲致瞎。在电子攻击作战中，强调综合使用电子干扰和电子摧毁、有源干扰与无源干扰，雷达干扰与光电干扰等多种电子攻击与自卫手段，力求获得电子对抗的最佳效果。

EA-18G 电子战飞机是美国海军航空母舰战斗群中重要的电子战兵力

☛ 打击范围广

航空母舰战斗群攻防兼备，具有综合作战能力，被认为是海上区域和滨海地区夺取制空权、制海权的主要力量。以美国海军为例，其单航空母舰战

第 6 章 反舰作战指南

斗群每小时可以搜索面积 10 万平方千米的海域，每艘航空母舰的舰载机可以控制 1000 平方千米的海空域，如果同时出动 4 个航空母舰战斗群，就能控制 96.5 万平方千米的海域。

美国海军"华盛顿"号航空母舰战斗群与韩国海军联合演习

突击威力大

航空母舰战斗群在打击水面舰艇时，既可以通过舰载机携带反舰导弹对水面舰艇发起攻击，也可以通过潜艇或水面舰艇发射反舰导弹进行攻击，而三者的协同突击，更大大增强了航空母舰战斗群反舰作战的威力。美国航空母舰战斗群担负反舰作战的主力舰载机为 F/A-18 战斗/攻击机，其作战半径超过 1000 千米，可携带 2～4 枚"鱼叉"反舰导弹和"哈姆"反辐射导弹等武器,"鱼叉"反舰导弹射程为 130 千米,理论上来说,F/A-18 战斗/攻击机在不加油的情况下可以攻击 1100 千米外的海上目标。

满载武器的 F/A-18 战斗/攻击机

F/A-18 战斗/攻击机发射干扰弹

第 6 章 反舰作战指南

美国航空母舰战斗群中的 F/A-18 战斗 / 攻击机在高空飞行

6.1.2 | 信息时代的反舰作战

21 世纪以来，信息技术高速发展，对航空母舰战斗群的作战样式产生了巨大影响，在反舰作战方面也表现出了一系列新特点。

第一，要求综合运用各种信息装备，夺取战场信息优势，创造单向透明的战场环境。拥有信息优势的一方，可以通过分辨率很高的天基侦察系统居高临下俯视整个战场，先进侦察卫星的分辨率极高，可分清坦克、吉普车、导弹运输车，在天气晴朗时甚至可分辨帐篷、车牌等目标。另外，拥有信息优势的一方还可以通过预警机和无人机等获取信息，清楚及时地掌握敌方舰艇运动状态和位置。相反，如果一方不具备完善的电子信息系统或者遭受敌方电子攻击，将处于信息劣势，战场上迷雾重重，无疑会丧失进攻的主动权，只能被动挨打。因此，综合运用各种信息装备，力求海战战场向己方单向透明，是航空母舰战斗群反舰作战要求达成的首要目标。

🔊 **TIPS:**

在科索沃战争中，美国及其盟国使用了 15～20 种不同类型的卫星系统，50余颗用于执行情报侦察等任务。这些卫星所获取的信息为北约的军事行动提供了有力的支撑。这些卫星包括"锁眼"数字图像传输卫星、"长曲棍球"雷达成像卫星、国防气象卫星等。

美国发射"未来成像系统"卫星

第 6 章　反舰作战指南

美国发射"猎户座"侦察卫星

美国"国防支援计划"导弹预警卫星

第二，反舰作战趋于非线式、远距离和大纵深。在信息化条件下，新型舰载探测设备与航空、航天及水下探测设备一起构成大纵深、全方位、多层次、立体化的目标获取、识别、跟踪和定位系统，从而极大地增加了海战场的透明，使得水面舰艇的暴露率和被探测概率明显增大。远程侦察、监视、导航和指挥控制系统可以确保巡航导弹等远程武器在敌方水面舰艇导弹射程外进行发射。隐身技术和夜视技术的发展使海战不再区分白天与黑夜、海况的好与坏。

由于航空母舰战斗群舰载巡航导弹可以在几百千米以外的海域对敌方水面舰艇进行打击，因此舰艇战术动作在远程攻击模式中已经没有多大意义。发现目标就意味着摧毁目标。随着机动速度的增大和突击能力的增强，高性能作战飞机已成为打击水面舰艇的首选兵力。航空母舰战斗群高性能舰载飞机和反舰巡航导弹等远程兵器在局部战争中大量使用的情况表明，在敌方舰艇防空导弹射程外对其实施超视距攻击，将使航空母舰战斗群反舰作战呈现为大纵深、远距离、攻防一体的机动作战样式。

第三，信息战、电子战成为打击敌方水面舰艇的先锋和制胜关键。信息化条件下的海战，火力虽然仍是击沉舰艇的基本手段，但已不是唯一手段。随着电子技术的发展，武器装备已实现了信息化、电子化，在电磁领域的斗争已由以往的通信、雷达等的电子对抗，进一步扩展到武器控制、目标跟踪、战场监视、作战指挥等所有领域，渗透到海战场的多维空间，影响和制约着一切作战行动。电子战已成为现代海战的重要内容。因此，仅注重火力打击已远远不够了，在实施火力打击的同时实施电子战已成为普遍战法。电子战已不再是一种保障手段，其本身已成为直接削弱敌作战能力甚至直接杀伤敌人的手段。电子战将成为一切作战行动的先导，并贯穿于战役全过程，直接影响海战的进程和结局。

随着信息化程度的提高，由电子战进一步拓展为信息战。双方除了在电磁空间进行激烈的争夺外，还要在整个信息空间进行较量，从信息的获取、传递、处理、利用等环节与敌展开斗争。可以说，未来航空母舰战斗群反舰作战必将由双方进行火力对抗核心转变为以信息对抗为核心，电子战、信息战已成为航空母舰战斗群反舰作战的重要内容。

第 6 章　反舰作战指南

俄罗斯 GLONASS 全球卫星导航系统的卫星

6.2 反舰作战的兵力配置

6.2.1 作战海域的划分

由于航空母舰战斗群内的舰艇数量多，目标大，雷达反射面积大，所以很容易被敌方舰艇定位，尤其是在进行海上补给时，航空母舰战斗群存在航向固定、航速降低、队形密集、难以机动等弱点。因此，为了减少遭受攻击的可能，必须在敌方水面舰艇发射反舰导弹之前将其击毁。根据反舰作战需要，做到先敌发现、先敌攻击，航空母舰战斗群要以航空母舰为中心，将作战海域划分为三个区域，即侦察探测区、监视识别区、目标定位区。

侦察探测区

距中心点 0～1500 海里。在此区域内，主要由侦察卫星和地面侦察系统对目标进行探测。侦察卫星一般分为照相侦察卫星、电子侦察卫星、海洋监视卫星等。侦察卫星在目标上空"过顶"时，才能对目标进行有效的侦察。地面侦察系统是指地面雷达站和无线电通信侦察站。当侦察卫星和地面侦察系统发现敌方水面舰艇在此海域范围内活动时，要求对敌方水面舰艇实施连续的严密监视。

监视识别区

距中心点 0～500 海里。在监视识别区内对目标进行预警探测，主要由预警机和无人侦察机负责。预警机可以到达水面舰艇无法到达的区域给航空母舰战斗群提供预警，而且速度较快，灵活性好，预警探测精度高。无人侦察机能够长时间、连续不断地对目标进行侦察。当敌方水面舰艇进入该区域时，必须对目标进行分类，确定其是作战舰艇还是辅助舰艇，并确定其位置、航向和航速。航空母舰战斗群要密切关注进入此海域的水面舰艇，标绘其航迹，并做好相应作战等级准备。

目标定位区

距中心点 0～300 海里。敌方水面舰艇进入此区域之后，除了使用侦察卫星、地面监视侦察系统和预警机外，各水面舰艇的对海搜索雷达要对目标进行最后的识别和目标标定，并将目标航向、航速等信息传递给火控雷达，进行解算，反舰导弹做好发射准备。反舰指挥官将根据上级命令以及当前情况，下达导弹攻击命令。

美国海军"艾森豪威尔"号航空母舰和法国海军"戴高乐"号航空母舰

第6章 反舰作战指南

航行中的美国海军"卡尔·文森"号航空母舰

正在进行海上补给的美国海军"小鹰"号航空母舰战斗群

6.2.2 | 兵力武器的选择

在进行反舰作战时，航空母舰战斗群可选用舰载机、舰艇、潜艇等多种兵力，而舰载机、舰艇和潜艇上装备有型号不同的反舰导弹、精确制导炸弹、鱼雷、舰炮等众多武器。为了取得最佳打击效果，航空母舰战斗群在作战过程中，要从上级指挥机构或下属兵力实时获取目标情报信息，同时根据上级命令，结合情报信息，判断威胁等级，确定打击目标后，根据实际情况指派不同兵力，携带不同武器对敌方舰艇进行攻击。

245

航母战斗群作战指南

在打击远距离的大型水面舰艇时,首选兵力是舰载机。战斗机在预警机的指挥引导和电子战飞机伴随下,一般在敌方水面舰艇防空范围外,发射多枚反舰导弹,力求一举将其击沉或者重创,使其丧失战斗力。其中,对付敌方航空母舰这样的大型目标时,一般在其进入舰载机活动半径时即开始攻击,力求击敌于千里之外。对装备有巡航导弹的水面舰艇进行攻击时,一般在其巡航导弹射程外就进行攻击,以使其巡航导弹不能发挥有效作用。水面舰艇和潜艇根据自身装备的反舰导弹射程,对较远距离目标实施超视距导弹攻击。水面舰艇和潜艇上装备的舰炮和鱼雷的射程相对较近,一般用来攻击距离较近的目标或者扩大战果(攻击遭重创的目标)。

航空母舰战斗群在航行过程中,事先没有发现来袭的水面舰艇,而是在较近的距离内突然遭遇来袭的水面舰艇,尤其是小型舰艇时,反舰导弹来不及发射或者已经在反舰导弹射程死角内时,一般使用鱼雷或者舰炮进行攻击。攻击时通常在高速航行中实施,攻击后立即改变航向,组织其他兵力兵器进行抗击,并迅速撤离。

俄罗斯海军 Su-33 战斗机后方视角

第 6 章 反舰作战指南

法国海军"阵风"M 战斗机准备起飞

西班牙海军 AV-8B"海鹞Ⅱ"攻击机起飞

测试中的美国海军 F-35C 战斗机

6.3 反舰作战的步骤

尽管航空母舰作战群拥有强大的综合作战能力,但要在茫茫大海中发现敌方水面舰艇并将之击毁也并非易事。航空母舰战斗群的反舰作战一般分为发现目标、识别目标、目标定位和攻击目标四个步骤。

发现目标

发现目标是打击敌方水面舰艇的首要前提，只有发现了目标，才能对目标进行攻击，否则一切都是空谈。航空母舰战斗群可以通过不同的传感器（侦察卫星、舰载雷达、侦察船等）发现目标，各传感器获取目标信息后通过数据链，传递给不同需求的作战单元。发现目标后，航空母舰战斗群要组织兵力对其进行监视和侦察，通常由舰载固定翼飞机或者无人机担任。

舰载固定翼飞机对目标进行侦察时，一般使用搜索雷达、侦察雷达以及用目力不间断地对海面实施搜索；当气象不良，影响目力搜索或进入夜间，则主要使用装备前视红外雷达、跟踪雷达以及测向仪等设备的飞机搜索、探测敌舰位置。

此外，水面舰艇也可使用对海搜索雷达、侦察雷达或者舰载直升机对海面进行监视。当气象不良时，可使用拖曳式声呐和主动声呐搜索来追踪水面目标。当水面舰艇的搜索雷达受到干扰，可采用抗电子干扰措施；如果搜索雷达不能使用，可转用备用雷达。

美国海军正在测试 X-47B 无人机

第 6 章 反舰作战指南

🕭 识别目标

识别目标就是判明目标是敌方目标还是友军目标，同时判明水面目标是战斗舰艇、辅助舰船或者商船。反舰作战时，一旦出现目标识别错误，误炸商船或者游轮时，将造成严重的人员伤亡和经济损失。因此，反舰作战时，航空母舰战斗群要通过各种手段，对发现的水面目标加以确认，避免出现误伤误炸事件。总的识别要求是在尽可能远的距离内将敌方目标识别清楚。最低要求是在侦察探测区分出是战斗舰艇，还是后勤辅助船；在监视识别区内分出是危险目标，还是重要目标；在目标标定区内识别出平台分类，即是何种舰艇。当难以准确识别时，要按对航空母舰战斗群威胁性最大的一种目标处理。

🕭 目标定位

目标定位就是向参加对敌舰攻击的飞机、舰艇和指挥官不断提供敌舰的位置、航向和航速，以便飞机、舰艇根据提供的目标信息，计算导弹射击诸元，并发射反舰导弹对目标进行攻击。

对于远距离的超视距目标进行定位的任务主要由舰载预警机担负。中、近距离的超视距目标定位任务主要由舰载直升机担任。另外，航空母舰舰载反潜直升机、两栖舰船的垂直起降飞机、电子侦察机在必要时均可执行目标定位任务。

水面舰艇由于雷达反射面积大，易被发现，一般不担任目标定位任务，主要是防止水面舰艇在进行目标搜索时遭受攻击。必须派出水面舰艇前出执行目标定位任务时，水面舰艇必须做好作战准备，同时航空母舰战斗群要派出舰艇或飞机对其进行掩护。而核潜艇由于受到客观因素的影响，对水面目标定位不便，当在远距离时也可根据实际情况对敌方水面舰艇进行定位。

美国海军 E-2C 预警机执行目标定位任务

航母战斗群作战指南

美国海军 SH-60F 反潜直升机执行目标定位任务

攻击目标

航空母舰战斗群在对敌进行定位后,指派舰载机或者舰艇对其进行攻击。在海上交战前,正常情况下必须经合同作战司令批准才能使用武器。但在遭到突然袭击的情况下,允许使用武器自卫,事后补报。在自卫的情况下,要以最小的代价,首先将敌舰击伤,使其丧失战斗力,然后予以歼灭。在海上交战过程中,所有符合敌方电子、音响标准的目标或经目力识别为敌方的水面目标都要在编队武器的最大射程内与之交战。

美国海军"艾森豪威尔"号航空母舰战斗群与法国海军共同进行反舰作战演习

第 6 章　反舰作战指南

美国海军"提康德罗加"级巡洋舰发射"鱼叉"反舰导弹

6.4 | 反舰作战的武器

6.4.1 | 攻击样式

根据发射反舰导弹平台的不同，航空母舰战斗群在反舰作战时的攻击样式有4种：舰载机攻击敌方水面舰艇，水面舰艇攻击敌方水面舰艇，核潜艇攻击敌方水面舰艇和海空协同攻击敌方水面舰艇。

舰载机攻击

舰载机是航空母舰战斗群进行反舰作战的主要兵力，具有机动性好、通用性高、突袭性强等优点，能够在特定的方向快速集中兵力，能够在复杂气象条件下不分昼夜地连续实施战斗行动。二战中的数次战例均证明了舰载机对水面舰艇目标的攻击威力。时至今日，舰载机对水面舰艇目标的突击威力有了进一步提高。

现代海战中，舰载机执行打击任务时，一般不是由单一机种构成，而是由预警机、战斗机、攻击机、战斗/攻击机、电子战飞机等组成突击编队对敌方水面舰艇进行攻击。攻击时，通常由预警机引导和控制，电子战飞机对敌方水面舰艇实施电子干扰，担任攻击的战斗机、攻击机或战斗/攻击机多成双机编队。预警机发现目标后，通过战术数据链将目标位置及运动要素传给攻击编队。担任攻击的舰载机降低飞行高度，低空进入目标区距目标约40海里时（敌舰防空导弹射程之外），突然跃升，发射导弹，然后低空退出。

美国海军"斯坦尼斯"号航空母舰战斗群进行反舰作战演练

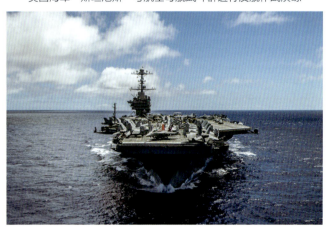

满载舰载机的美国海军"华盛顿"号航空母舰

第6章 反舰作战指南

法国海军"阵风"M战斗机从"戴高乐"号航空母舰起飞

美国海军F-35C战斗机在"尼米兹"级航空母舰上空飞行

水面舰艇攻击

　　水面舰艇攻击是反舰作战中最古老的攻击样式，在海军诞生之初就已形成。在冷兵器时代，军舰之间的作战主要是通过相互撞击、接舷作战。到了热兵器时代，大舰巨炮之间的对轰，都属于这种攻击方式。随着反舰导弹的发展，这种攻击方式退居次要位置。水面舰艇与水面舰艇之间的作战也由巨炮的对轰，转变为反舰导弹的对射。

水面舰艇前出攻击敌舰前,由反舰指挥官根据当前战场态势,发布反舰导弹攻击标准及攻击命令。如果反舰导弹符合发射标准,水面舰艇将按照指挥官的命令,发射反舰导弹;如果反舰导弹不符合发射标准,反舰指挥官将重新根据战场态势,发布反舰导弹发射标准。导弹发射前由反舰战指挥官下达发射命令。发射命令包括:校对时间、打击目标、导弹命中目标的预计时间、导弹搜索开始时间、目标运动要素(航向、航速、位置)、参加发射导弹的舰艇、各舰一次齐射导弹数。发射导弹的舰艇按照反舰战指挥官的命令,确定导弹齐射时间、齐射间隔时间和制导方式。导弹发射前各舰尽可能宽地在基线上展开,以有效地对敌舰进行电子战攻击,打乱敌编队的防御队形,并从不同方向发射反舰导弹对敌方水面舰艇实施有效打击。

可执行反舰任务的俄罗斯海军"现代"级驱逐舰

可执行反舰任务的印度海军"加尔各答"级驱逐舰

可执行反舰任务的英国海军"勇敢"级驱逐舰

第 6 章 反舰作战指南

可执行反舰任务的法国海军"拉斐特"级护卫舰

核潜艇攻击

潜艇隐蔽性好,经常被用来伏击敌方水面舰艇。以往潜艇在航空母舰战斗群中属于护航舰艇,因为潜艇一旦发起攻击,就很容易泄露自身行踪,从而遭受敌方攻击。随着导弹技术的发展,潜射反舰导弹的射程越来越远,潜艇能够在敌方水面舰艇防区外进行攻击。因此,航空母舰战斗群中的潜艇也成为打击敌方水面舰艇的不可或缺的关键力量。

以美国海军为例,其现役的核潜艇均具有对水面舰艇实施打击的能力,其主要兵器是"战斧"反舰巡航导弹、潜射"鱼叉"导弹和鱼雷。核潜艇攻击水面舰艇时,可以通过核潜艇自身观察设备发现目标,也可以通过数据链得到航空母舰战斗群中的其他兵力提供的情报信息。由于射程较远,攻击敌方水面舰艇的"战斧"反舰巡航导弹需要获得外部信息情报支援,才能充分发挥其攻击能力。"战斧"反舰巡航导弹用于攻击敌方水面舰艇时,通常从水下潜艇按近似目标方位方式发射,导弹出水后,即向目标区域飞行,然后开始搜索目标,在确认目标后立即对目标进行攻击。

美国海军"洛杉矶"级攻击型核潜艇在水面航行

美国海军"洛杉矶"级攻击型核潜艇在水下发射"鱼叉"反舰导弹

海空协同攻击

海空协同攻击时,为防止参加攻击的各种飞机发生碰撞,发射的导弹发生误炸事件,一般在攻击前,要制订详细的协同作战计划,规定舰载机、舰艇攻击顺序和攻击时间节点,划分作战空域等,尽量防止空对舰、舰对舰导弹与火炮之间相互干扰。

第6章 反舰作战指南

美国海军航空母舰战斗群的水面舰艇和舰载机对敌方水面舰艇进行协同攻击时，一般按时间协同方式进行，这主要是因为时间协同方式较为简便，便于组织兵力行动。在协同攻击前，水面舰艇指挥控制中心计算出导弹从发射到命中目标预计时间，并根据舰载机飞行速度、水面舰艇航速和两者离目标的航程，计算出总的攻击时间，做好时间协同计划表。在攻击时，水面舰艇通过数据链或其他通信方式向舰载攻击机提供目标位置和提出舰载攻击机飞临目标上空时间要求，舰载攻击机携带"鱼叉"反舰导弹在 E-2C 预警机和 EA-6B 电子战飞机的支援下首先进行导弹攻击。导弹发射后，舰载机按预定航线返航，水面舰艇继舰载机攻击后，对目标实施"战斧"和"鱼叉"导弹协同攻击，舰艇导弹攻击前，必须留出足够的提前时间，让攻击机飞完预定的攻击航程。当 P-3C 反潜巡逻机单独与水面舰艇协同攻击敌舰时，一般情况下，由 P-3C 反潜巡逻机首先使用"鱼叉"导弹攻击，随后水面舰艇进行导弹攻击。

导弹攻击后，要对攻击效果进行判断，判断目标是否遭受重创或摧毁。空中攻击时，由飞机自身做出判断；舰艇攻击时，通过舰艇的电子支援侦察、音响比较和情报支援来完成。

攻击后，各作战单元指挥官要尽快向反舰战指挥官作攻击后报告。报告内容包括：任务完成情况、伤亡、武器消耗及库存、目标毁伤程度、目标的最后位置、航速和实施再次攻击的建议。

美国海军 P-3C 反潜巡逻机在高空搜索目标

美国海军正在测试新一代舰载机 F-35C 和新一代驱逐舰"朱姆沃尔特"级

6.4.2 | 主要武器

  航空母舰战斗群进行反舰作战时,用于打击敌方水面舰艇的武器主要包括反舰导弹、精确制导炸弹、鱼雷、舰炮等。其中,反舰导弹拥有射程远、速度快、威力大等众多优点,成为打击敌方水面舰艇的主力。

  以美国航空母舰战斗群为例,"战斧"反舰巡航导弹和"鱼叉"反舰导弹能够从不同的作战平台发射,是其打击敌方水面舰艇的首选兵器。"战斧"反舰巡航导弹的最大射程为 450 千米,巡航高度大于 15 米,末段飞行高度 5～10 米。巡航段采用捷联式惯性导航系统,使导弹飞行误差能保障末制导雷达及时捕捉目标,脉冲式高度表保障导弹在预定高度上飞行,末制导采用主动雷达制导方式,并采用宽频带频率捷变与计算机逻辑线路相连,使导弹具有良好的抗干扰能力;"鱼叉"反舰导弹是一种中射程、全天候反舰导弹,

第 6 章 反舰作战指南

最大射程为 110 千米,采用惯性制导及主动雷达制导。巡航段的飞行高度 61 米,接近目标时进入掠海飞行,然后爬升到一定高度再向目标俯冲,具有很强的打击能力。

鱼雷是一种古老的海战武器,至今已有 100 多年的历史,早期的鱼雷武器是一种简单的直航式活动水雷,其水下航行速度最高可达 30 节,装有触发引信。在二战中,主要用于攻击水面舰艇和商船。随着科技的不断进步,鱼雷可以在直升机、潜艇、水面舰艇等不同作战平台上发射,并可以采用声制导、线制导和尾流制导等多种制导方式,用来对水面舰艇实施精确打击,成为最活跃、最具杀伤力的水中武器之一。

美国海军 F/A-18 战斗 / 攻击机搭载的空射型"鱼叉"反舰导弹

舰射型"鱼叉"反舰导弹

美国海军驱逐舰上的舰射型"鱼叉"反舰导弹及其发射装置

美国海军"阿利·伯克"级驱逐舰上的鱼雷发射管

英国"黄貂鱼"鱼雷在水下航行

第 6 章 反舰作战指南

6.5 反舰作战的难点

6.5.1 隐身导弹艇的威胁

航空母舰战斗群虽然具有强大的综合作战能力,但并不是随时随地都能有效地发挥出来。航空母舰战斗群的作战能力也会随环境因素的变化而变化。当航空母舰战斗群在地理水文环境复杂、岛礁众多的近岸海域活动时,机动能力会大幅下降,容易遭到快速小目标的攻击。这些快速小目标具有高航速、体积小、隐身能力强、攻击威力大的特点,一旦它们大量出动并分散攻击航空母舰战斗群,后者将难以取得理想的作战效能。

在快速小目标中,对航空母舰战斗群威胁最大的就是隐身导弹艇。隐身导弹艇的作战区域主要在近海的岛屿、航道和作业区,这些区域复杂的噪声环境为其提供了良好的隐蔽条件。只要航空母舰战斗群靠近这些区域,隐身导弹艇就可以从隐蔽地点伺机突然出击,用其先进的反舰导弹发起攻击,让航空母舰战斗群防不胜防。同时,另一支作战分队可以迂回到航空母舰战斗群的侧后方,攻击其补给船。这样前后夹击,至少能使航空母舰战斗群丧失继续作战的能力。

隐身导弹艇之所以能对航空母舰战斗群造成威胁,主要是因为它有许多突出的优点,主要包括以下几个方面。

高航速

隐身导弹艇具备很高的航速,最高航速可达到 50 节以上,并可保持较长时间,有利于实施快速接敌、快速攻击及高速撤离的作战样式。凭借高航速,隐身导弹艇可在航渡中快速及时地赶赴作战海域,而在作战时又可快速接敌,占据有利的攻击阵位,缩短敌方的反应时间,对敌实施较为突然的导弹攻击。战斗结束后，可凭借高航速快速脱离战场，摆脱敌舰的反击，具备较高的战场生存力。

体积小、隐身能力强

隐身导弹艇的外形尺寸及吨位小，吃水也较浅，自身雷达反射面积不大，在采用一些隐身措施后，隐身能力可以达到很高的水平。隐身导弹艇的上层建筑往往采用低矮平滑、重心较低的设计，上层建筑两侧外壁向内倾斜一定角度，这样可有效地降低雷达的反射面积。舰桥及桅杆往往由多边形平面构成，艇上的导弹发射装置也会采取隐身措施，与艇身完美地融为一体。如果海况恶劣、气象条件复杂，加上隐身导弹艇使用电子干扰设备，其被发现距离将不会超过15千米，这对提高攻击的突然性及自身的生存力是极为重要的。

攻击威力大

一般情况下，隐身导弹艇可携带6～8枚反舰导弹，几乎相当于一艘护卫舰装备的导弹数量。因此，隐身导弹艇完全具备与大中型水面舰艇进行抗衡的实力，单艇一次8枚导弹的连续攻击完全可以摧毁由1～2艘现代化驱护舰组成的小规模舰艇编队。

高速航行的挪威"盾牌"级导弹艇

第 6 章　反舰作战指南

高速航行的芬兰"哈米纳"级导弹艇

高速航行的澳大利亚"阿米代尔"级导弹艇

6.5.2 复杂电磁环境的影响

除了隐身导弹艇的威胁外，航空母舰战斗群进行反舰作战时还害怕遭遇复杂电磁环境。所谓复杂电磁环境，是指某一特定时空范围内存在的无线电波在频率、功率和时间上分布密集，使用频繁，使电磁环境复杂化，是特定时间或空间范围内高密度电磁能量的总和，会对特定时间或空间范围内无线电装备的正常使用造成影响或严重影响。通俗地说，复杂电磁环境就是在特定地域、特定时间，集中使用大量的无线电装备所形成的电磁空间。航空母舰战斗群在作战时，舰载机雷达、水面舰艇对海/对空搜索雷达、不同频率的无线电设备都处于工作状态，形成人为的电磁环境。这些人为的电磁环境和自然的电磁环境构成一个复杂的电磁环境，进而影响航空母舰战斗群反舰作战，具体表现在以下几点。

影响侦察发现目标

美国海军认为，现代水面威胁主要是来自反舰导弹，特别是远程超音速导弹对航空母舰构成的威胁更大。因此，要采用多种侦测手段及早发现敌方水面目标，并进行监视和目标定位，以便为对舰攻击提供尽可能多的预警时间，夺取交战的主动权。航空母舰战斗群获取敌方水面舰艇部署情况、航向、航速等情报信息主要是通过各种电子信息侦察系统，如侦察卫星、预警飞机、舰载相控阵雷达、高空侦察机等，这些电子信息侦察系统主要是依赖电磁波来获取目标信息。而敌方会根据侦察设备的弱点，采用加强电子干扰、实施目标伪装、设置假目标、适时机动等有针对性的电子反侦察措施，增加航空母舰战斗群获取战场情报信息的难度。例如，敌方利用角反射器伪装成水面舰艇欺骗航空母舰战斗群侦察系统，或者水面舰艇应用隐身技术等，减少雷达反射面积，从而减少被侦察发现的概率。

> **TIPS:**
> 角反射器又名雷达反射器，它是通过金属板材根据不同用途做成的不同规格的雷达波反射器。当雷达电磁波扫描到角反射器后，电磁波会在金属角上产生折射放大，产生很强的回波信号，在雷达的屏幕上出现很强的回波目标。

影响反舰作战指挥效率

航空母舰战斗群会运用各种通信方式，使分散在天空中的舰载机、海面上的舰艇和水下的潜艇实现无缝连接，形成一个有机的作战整体，从而发挥倍增的作战能力。舰载机、潜艇和水面舰艇之间通过各种数据链传递数据、

第6章 反舰作战指南

指令,一旦数据链受到电磁干扰,必将影响指挥员对各作战单元的指挥控制,进而指挥效率必将大大降低。

航空母舰战斗群在打击敌方水面舰艇时,主要使用反舰导弹和精确制导炸弹。反舰导弹由于射程远、速度快等特点,被称为"战舰"杀手,而精确制导武器以其极高的命中率和作战效能成为现代战争作战的主战兵器之一。反舰导弹和精确制导武器的有效发挥,关键在于电子设备的可靠性,因而干扰、破坏电子设备的工作条件或直接摧毁、损伤各种敏感电子部件就能够使反舰导弹和精确制导武器的目标定位、通信、制导系统失灵或失误,使其"打不出、打不准",命中精度受到严重影响。在航空母舰战斗群反舰作战中,若敌方实施电子干扰,将直接影响反舰武器对水面舰艇目标的打击效果。

法国海军"戴高乐"号航空母舰的"阵风"M战斗机在美国"艾森豪威尔"号航空母舰上空飞行

美国海军新一代舰载机 F-35C 拥有先进的电子系统

第 7 章

作战和后勤保障指南

古语有云"兵马未动,粮草先行",无论是在古代冷兵器战争中,还是现代热兵器战争中,作战和后勤保障都是非常重要的一环,对航空母舰战斗群来说同样如此。本章主要介绍航空母舰战斗群的作战和后勤保障。

7.1 作战保障

7.1.1 情报信息保障

情报信息保障的重要性

进入 21 世纪，高技术的迅猛发展和广泛应用，推动了武器装备的发展和作战方式的演变，促进了军事理论的创新和编制体制的变革，由此引发新的军事革命。信息化战争最终将取代机械化战争，成为未来战争的基本形态。信息化战争是指发生在信息时代、以信息为基础、以信息化武器装备为战争工具的战争。简单地说，它是敌我双方在信息领域中争夺信息控制权的战争。其作战对象主要不是人，而是对方的各种信息系统以及与之有关的各项设施；其任务是获取、管理、使用和控制各种信息，同时防止对方获取和有效地使用各种信息。

就对信息（数量和质量）的依赖程度而言，过去的任何战争都不及信息化战争。在传统战争中，双方更注重在物质力量基础上的综合较量。例如机械化战争，主要表现为钢铁的较量，是整个国家机器大工业生产能力的全面竞赛。信息化战争并不排斥物质力量的较量，但更主要的是知识的较量，是创新能力和创新速度的竞赛。对航空母舰战斗群而言，情报信息保障是极其重要的作战保障，其基本要求必须是准确、及时和不间断，并且要安全可靠。

随着信息技术在军事领域的广泛应用，武器装备自动化程度不断提高，超视距作战和非接触作战成为主要作战样式。在这类作战中，需要高度依赖于战场侦察及武器制导手段，并且战场上的敌我识别主要依靠技术设备来完成。在现有的技术条件下，敌我识别并不完全可靠，可能在信息处理、信息传输上出现问题。而高技术制导武器一旦锁定目标，就可实现自动攻击。倘若敌我识别出现错误，其后果就是误伤和误击。在 21 世纪以来发生的几场局部战争中，误伤和误击事件并不鲜见，即便是军事实力强横的美国海军也

第 7 章　作战和后勤保障指南

不例外。这些误伤和误击事件很大程度上是由于错误的信息导致了武器系统或者武器操作员的错误判断。由此可见，信息的及时性，特别是敌方目标信息的及时性很大程度上决定了战场的进程和作战效果。

在战场上，随着作战兵力位置的转移或其他情况的变化，作战双方的态势是时刻变化的。因此，作战信息也要实时、不间断地变化与更新。在航空母舰战斗群的舰载机进行对陆攻击时，很有可能大部分舰载机所攻击的目标与其起飞前所计划攻击的目标都不一样。这是因为在舰载机起飞后向计划的攻击目标飞行过程中，对战争进行不间断侦察的侦察预警兵力发现了价值更高或者是威胁更大的新目标，或者是原计划的目标已消失。为了确保或扩大作战效果，指挥员根据不间断更新的战场目标信息对攻击对象进行合适而及时的抉择，从而下令使得舰载机不再攻击原来的作战目标，转而攻击新目标。

可以这么说，倘若交战中的一方成功获取了敌方的作战信息，那么敌方的作战意图和兵力部署等便不再是秘密，战场对其而言就成了透明战场，敌方军队的一举一动皆在监控之下。如此一来，便可有的放矢，掌握战场的主动权。

美国海军"肯尼迪"号航空母舰的空中交通控制中心

情报信息共享

情报信息共享是指航空母舰战斗群内各作战兵力共同分享信息。在信息化战争时代，利用无缝链接的信息网络，战场情报信息可以在各个实体之间横向流动，使得战场信息高度共享成为可能。进行共享的信息要建立在"四个统一"的基础之上，即数据符号表示的统一、语义概念描述的统一、信息内容描述的统一和用户需求描述的统一。

数据符号表示的统一为信息共享系统提供了信息的载体。语义概念描述的统一是指系统中数据符号所表示信息的具体含义的统一。信息内容描述的统一是在统一语义的基础上，利用系统中规范统一的本体概念，对从信息源所获取的信息进行描述，以获取在系统中对信息理解的共识。在航空母舰战斗群中，各参战人员、各级指挥人员对信息的需求存在着一定的差异。所以用户需求描述的统一是在对信息内容描述的基础上，对用户信息的需求及其需求习惯进行描述，以便将信息按需分配给用户。

由于战场情报信息过多，并且某些信息的安全性、保密性要求较高，所以航空母舰战斗群的各情报信息需要实施按级别权限有控共享和按优先等级有序共享。在进行情报信息共享时，一般采取固定分发、网络互访、通信报告等方式进行。固定分发主要是以通用态势图的形式，按信息共享规定权限由指挥信息系统自动完成。例如在防空作战中，舰载预警机发现空中来袭目标，则其立即将目标信息进行预处理并通过相关数据链向各编队成员进行发送，使其他兵力能够掌握该目标的状况，以便及时做好战斗准备。网络互访是指用户根据自己的信息需求和使用权限，通过指挥信息系统，访问相关的指挥节点和信息中心数据库获取信息的方法。通信报告是上级或友邻发布的情报信息，主要是由航空母舰战斗群指挥员向下级指挥员或各舰及各空中编队发布，一般是关于航空母舰战斗群的整体情报信息。

目前，情报信息共享做得最好、技术最先进的是美国海军航空母舰战斗群，其最先进的技术代表是"协同作战系统"（CEC）。这是美国海军在原C3I系统的基础上为加强航空母舰战斗群防空作战能力而研制的作战指挥控制通信系统，后来慢慢应用到其他作战样式中。该系统以信息网络平台为基

第 7 章　作战和后勤保障指南

础，采用网络通信及网络计算技术，将航空母舰战斗群各舰艇上的战场感知系统、指挥控制系统、作战兵器系统等作战资源结成为一体化的协同作战网络，以实现信息资源的共享和作战行动的协调。由此可以看出，作战行动的协调是 CEC 系统的最终目标，而信息资源的共享是其关键环节。

在 CEC 系统中，武器平台之间共享实时、精确的目标信息。共享的目标信息是分布处理且保持严格一致，从而生成统一的空中态势图，达到能够直接提供给本平台上的武器系统和指挥系统使用这一目标。CEC 系统代表了网络中心战的一个重要进展，其所具备的能力是空前的。CEC 系统可为整个航空母舰战斗群提供三个关键能力：第一，可使多个舰载的、机载的和陆基的系统生成和共享一个一致的、精确的和可靠的空中态势图；第二，可使作战系统的威胁应对决策机制能够实时地在航空母舰战斗群的所有作战单元中进行协同；第三，可在网络上传送目标诸元信息，一旦有可能，航空母舰战斗群的某一艘舰艇或某一架飞机能够在其本身的雷达并没有掌握这些目标诸元数据的情况下对来袭飞机和导弹进行拦截。这些关键能力使美国航空母舰战斗群可以拦截十分难对付的来袭目标。

美国海军"里根"号航空母舰战斗指挥中心的女性舰员

7.1.2 通信联络保障

航空母舰战斗群各兵力之间的通信联络依靠复杂的通信系统进行。在航空母舰战斗群中，通信系统承担着舰—舰、舰—岸、舰—潜、舰—空、空—空及舰艇内部的信息传输任务，是实现兵力指挥控制功能的重要手段。航空母舰战斗群各兵力之间的通信联络主要以无线通信为主，以战术数据链的形式存在，可传输数据或者语音。以美国海军航空母舰战斗群为例，其内部兵力之间的无线通信联络手段主要包括 Link-4、Link-11、Link-16 数据链以及 CEC 系统中的"数据分发系统"（DDS）等。由于技术标准不同，各型数据链和通信手段的使用范围和功能各有差异。

☞ Link-4 数据链

Link-4 数据链是一种超短波波段、最初采用单向时分复用的数据链，它是美国航空母舰战斗群舰载航空兵战术指挥控制的基础，是早期航空母舰战斗群中最常使用的空—空、舰—空数据链。该数据链主要用于传输战机导航指令、引导舰载机截击空中目标、攻击控制、空中交通管制、航空母舰惯性导航等。美国航空母舰战斗群各型舰载机及各主要水面作战舰艇都装备该数据链。随着技术的改进，在 Link-4 数据链基础上发展了 Link-4C，它专门用于舰载机内部间的信息传输，以达到分享雷达战术数据的目的，并且增强了抗干扰能力。

☞ Link-11 数据链

Link-11 数据链用于各平台间实时地交换预警信息、空中/水上/水下/电子战的目标数据资料，传递控制指令、各单元武器状况等。由于 Link-11 数据链工作在 HF 波段，因此具备了跨地平线的通信能力。该数据链装备于美国航空母舰战斗群各主要水面作战舰艇、水下攻击型核潜艇、舰载预警机和舰载反潜机上。

☞ Link-16 数据链

Link-16 数据链是美国海军与北约各国共同制定的具有扩频、跳频抗干

第 7 章 作战和后勤保障指南

扰能力的数据通信链路标准。它既是美国海军"联合战术信息分配系统"（JTIDS）的一部分，为 JTIDS 各用户间提供一个传递数据资料的标准、传递程序、信息格式内容等共同规范，是参与 JTIDS 的最低要求，也是一种独立的通用数据链标准，是一种具有通用信息格式的战术数据链，成为美国海军与北约空 - 空、舰 - 空、空 - 地数据通信的主要方式。它综合了 Link-4 和 Link-11 数据链的特点，可在数据链构成的兵力群网络内互相交换敌方目标跟踪数据、己方成员位置、电子侦察/电子战情报、各平台状况、危险警告、导航、控制和引导信息等。虽然 Link-16 数据链工作在 L 波段，是一种视距通信系统，但是可以通过通信中继来实现跨地平线通信。

数据分发系统

数据分发系统（DDS）是基于网络中心战而建立的，是实现航空母舰战斗群各兵力之间互联互通互操作这一最高层次目标的重要手段，主要实现信息资源和数据信息的共享，在航空母舰战斗群内产生公共的合成跟踪态势图像。DDS 运行于 C 波段，支持高精度联网定位、数据相关、组合识别和战术数据交换，将 CEC 系统的协同作战处理器 CEP 计算的包括目标位置、航路、组合航路、识别信息、协同攻击参数的目标信息以及传感器信息等数据，以近乎实时地在 CEC 系统内高可靠、高质量地传输。其通信能力、数据更新周期、信息误码率等方面，比一般的战术数据链要高出几个数量级。其信息传输时间为数毫秒，传输数据的准确度和整个网络中最高精确传感器的相同，可达到武器控制的水准。

美国海军"罗斯福"号航空母舰的勤务人员正在使用通信设备

美国海军 F/A-18 战斗 / 攻击机飞行员正在与航空母舰战斗群指挥部通信

7.1.3 | 侦察引导保障

　　航空母舰战斗群中的舰载机、水面舰艇或潜艇执行作战任务时，可以自行侦察目标并进行攻击，也可由其他兵力对目标进行侦察，并在指挥引导兵力的引导下对目标进行攻击。在航空母舰战斗群中，各兵力都可执行侦察引导保障任务，其中舰载预警机是执行对空、对海作战侦察引导的主要兵力。此外，在进行对地攻击时，侦察和引导的任务也可由其他军兵种或装备承担，如天基侦察卫星、无人侦察机、特种部队等。

舰载预警机

　　舰载预警机集侦察、预警、通信、指挥、引导、电子战能力于一体，能够有效地扩大战场的感知能力和控制能力，堪称战斗力的倍增器。舰载预警机所拥有的远距离发现识别目标能力、大批量情报综合处理能力、多手段信息传输能力、指挥引导能力和高机动能力，在争夺制空权、制海权作战中具有重要作用。

第 7 章 作战和后勤保障指南

在航空母舰战斗群中,舰载预警机的主要使命是侦察监视来袭的空中目标,并对舰载的拦截飞机提供指挥引导。除此之外,舰载预警机还可以担负对海侦察,以及对水面舰艇或潜艇实施对海突击的指挥引导任务。除了舰载预警机外,必要时岸基侦察兵力也可为航空母舰战斗群的作战提供侦察和引导保障。

美国海军 E-2C 舰载预警机在空中飞行

美国海军岸基 P-8 反潜巡逻机

天基侦察卫星

除空中侦察兵力外，航空母舰战斗群的作战同样依赖于天基侦察卫星。在作战时，天基侦察卫星将目标信息传到航空母舰战斗群指挥部，指挥员根据当时作战情况决定是否派出舰载战斗机或者发射巡航导弹对目标进行攻击。在海湾战争期间，美国及多国部队使用了将近40颗侦察卫星；在科索沃战争期间，美国及多国部队使用了50多颗卫星；而在伊拉克战争中，美国投入的侦察卫星数量更多。

无人侦察机

无人侦察机作为近几场局部战争中独领风骚的兵器，在对重要目标特别是对重要移动目标打击中，承担着关键的侦察、引导保障任务。使用无人侦察机对战区进行侦察，可以降低人员伤亡，并可进入受威胁等级较高的空域执行任务。当无人侦察机发现目标后，通过战术数据链将目标信息传至指挥所，指挥员立即指派在空中执行巡逻任务的舰载战斗机或指挥在甲板待命的舰载战斗机起飞。舰载战斗机根据无人机传回的目标信息向目标飞行并实施攻击。

美国海军 MQ-8 "火力侦察兵" 无人机

第 7 章　作战和后勤保障指南

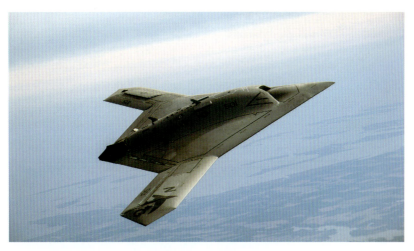

美国海军 X-47B 舰载无人机

特种部队

在伊拉克战争和阿富汗战争中，美国海军特种部队执行过多种特种作战任务，活动范围遍布全境，承担任务涵盖所有作战行动。其中，火力引导是特种部队近几场局部战争中常见的特种作战方式。在伊拉克战争中，美国特种部队除利用自身力量攻击敌方重要目标外，也配合"斩首"行动实施侦察引导。特种部队通过便携式通信设备，将目标数据传输给远程打击兵器，如航空母舰战斗群水面舰艇发射的巡航导弹或舰载战斗机，引导其对敌方纵深目标实施精确打击。据报道，在阿富汗战争中，2 名美国海军特种部队士兵曾引导战机，连续击毁了 450 辆敌方车辆，炸死 3500 人。可见，侦察和引导在现代战争中的作用是巨大的。

美国海军"海豹"突击队两人小队

7.1.4 | 电子信息对抗

所谓电子信息对抗，是指舰载电子战飞机通过干扰敌方雷达、通信和数据链，保护己方飞机和舰船的安全。由于航空母舰战斗群通常执行的是远离后方支援的任务，因此主动的电子杀伤和干扰功能是在残酷的海空作战中保存自己的重要手段。在海湾战争、伊拉克战争和阿富汗战争中，专用的舰载电子战飞机已经证明了其在空中进攻作战中的重要价值。在近几场局部战争中，舰载电子战飞机一直是美国海军获取战场制电磁权甚至取得战争胜利的重要保证。

在作战中，舰载电子战飞机以其空中机动、灵活等优势，能在远、近距离对敌方各体制、各程式的雷达和通信设备等电磁目标实施电子侦察和电子干扰，克服舰艇电子战装备的不足，扩大航空母舰战斗群的攻击范围和防御纵深，在航空母舰战斗群的进攻作战和防御作战中都发挥着重要作用。舰载电子战飞机作为海上信息作战力量的重要组成部分，有着不可替代的作用，在一定程度上是衡量一个国家海军作战能力的重要指标。

舰载电子战飞机主要以其装备或挂载电子对抗装备而区别于其他舰载机，在执行电子对抗任务时，一般以随队支援干扰和远距支援干扰为主要使用方式。现代舰载电子战飞机越来越重视硬摧毁能力，除挂载电子干扰吊舱之外，还可根据需要挂载火力攻击武器。因为单纯的软杀伤效果会随着干扰使用的次数和敌方反干扰能力的不断增强而不断减弱，唯一最有效的手段就是对其实施硬摧毁。

美国海军 EA-18G 电子战飞机

第 7 章　作战和后勤保障指南

美国海军"尼米兹"号航空母舰上的电子战中心

7.1.5 精确定位导航

在茫茫大洋上航行的航空母舰战斗群主要是通过卫星系统进行精确定位的。目前，全世界的卫星定位系统主要有美国的 GPS 全球定位系统、俄罗斯的 GLONASS（格洛纳斯）卫星定位系统、欧盟的"伽利略"定位系统等。

在各种卫星定位系统中，美国的 GPS 全球定位系统是技术最成熟、使用最广泛的一种，具有全球覆盖、全天候、快速性、连续性、精确性、抗干扰性、保密性等特点，能提供精确的三维导航和定时功能。GPS 全球定位系统起始于 1958 年美国军方的一个项目，1964 年投入使用。70 年代，美国陆海空三军联合研制了新一代 GPS 全球定位系统，主要目的是为陆海空三大领域提供实时、全天候和全球性的导航服务，并用于情报搜集、核爆监测、应急通信等一些军事目的。经过 20 余年的研究实验，耗资 300 亿美元，到 1994 年，全球覆盖率高达 98% 的 24 颗 GPS 卫星星座布设完成。

GPS 全球定位系统是美国航空母舰战斗群在作战中不可缺少的重要因素，其提供的实时定位导航和时间信息，能够提高各兵种、各兵力的联合作战效能,使得打击目标更加协调、高效、精确,也使得指挥系统更加准确掌握战场情况,迅速做出反应。在美国航空母舰战斗群中,其内部各兵力及大部分精确制导武器都安装有GPS全球定位系统。不过,一般兵力都采用复合定位导航的方式,如舰载机一般采用惯性导航系统和GPS全球定位系统相结合的方式进行复合定位导航,也可通过战术数据链实现网内兵力之间相对定位导航。多种定位导航方式可以优势互补,使舰载机的定位导航能力大幅增强。

随着武器射程的增大,为了减少武器在长距离上的飞行误差,大部分远射程武器都装备了GPS全球定位系统,如巡航导弹、反舰导弹、精确制导炸弹等,从而增强了武器攻击的精确度。有些武器也和舰载机一样实施了复合定位导航,如巡航导弹,一般使用惯性导航、地形匹配、GPS全球定位系统、图像匹配等多种导航方式相结合。这样能提高远程导航的精确度,增强抗干扰能力,保证武器在复杂的电磁环境下仍然能够准确地命中目标。

美国发射GPS全球定位系统的卫星

第 7 章 作战和后勤保障指南

美国 GPS 全球定位系统的卫星示意图

GLONASS 卫星定位系统的研制开始于 20 世纪 70 年代中期,虽然曾遭遇了苏联解体、俄罗斯经济不景气,但始终没有中断过系统的研制和卫星的发射,1996 年 1 月 18 日实现了空间满星座 24 颗工作卫星正常地播发导航信号,使系统达到了一个重要的里程碑。

GLONASS 卫星定位系统与 GPS 全球定位系统有许多不同之处。一是卫星发射频率不同。GPS 的卫星信号采用码分多址体制,每颗卫星的信号频率和调制方式相同,不同卫星的信号靠不同的伪码区分。而 GLONASS 采用频分多址体制,卫星靠频率不同来区分,每组频率的伪随机码相同。由于卫星发射的载波频率不同,GLONASS 可以防止整个卫星导航系统同时被敌方干扰。二是坐标系不同。GPS 使用世界大地坐标系(WGS-84),而 GLONASS 使用苏联地心坐标系(PE-90)。三是时间标准不同。GPS 系统时与世界协调时相关联,而 GLONASS 则与莫斯科标准时相关联。

7.1.6 | 气象水文保障

海洋气象水文是对海军活动有直接影响的环境条件之一。历史上,海军有很多作战和事故都是和气象水文紧紧联系起来的。中国古代舟师就已知道观察海上风云、海浪、潮汐的变化，指挥海战。在现代条件下，气象水文条件对作战行动产生影响、甚至直接导致战斗成败的事例也屡见不鲜。因此，现代海军活动也离不开气象水文保障。由于海战的需要，在19世纪50年代以后，世界海洋气象事业得到了发展，海军气象水文保障也随之逐渐形成。时至今日，美国、英国、法国、俄罗斯等国都已建立了完善的气象水文保障系统。

TIPS：

1944年12月17日至18日，美国海军第三舰队多艘航空母舰、战列舰以及其他舰艇在菲律宾附近海域进行海上补给，突遇台风袭击，造成800多人死亡，146架飞机被毁，多艘舰艇沉没的惨重损失；1959年，美国"力量"号反潜航空母舰在外执行任务时遇到风暴袭击，造成甲板严重破损和舰体进水；2005年1月10日，作为航空母舰战斗群的重要成员，美国海军第15潜艇中队的"洛杉矶"级攻击型核潜艇"旧金山"号在关岛南520千米外的水域触礁，造成艇身严重受损，艇员1人死亡、23人受伤。

艇身严重受损的"旧金山"号核潜艇

气象主要包括大气温度、湿度、风速、云雾、降水等要素；水文主要包

第7章 作战和后勤保障指南

括水深、水温、盐度、海流、波浪、水色、透明度等要素。气象和水文条件对航空母舰战斗群活动的影响是毋庸置疑的，要将这两类条件产生的不利影响减到最小，必须充分依赖气象水文保障，获取准确的天气预报信息和活动海域水文条件信息，才能在确保航空母舰战斗群自身安全的前提下，有效实施各种作战行动。

航空母舰战斗群各兵力所需要的气象水文信息是不同的：水面舰艇部队需要活动海区的风、海浪、能见度、雾、海洋潮汐、海流、海冰等要素的资料和预报，以及海洋灾害天气、危险天气警报；潜艇部队需要特定海区的海流、潮流、海水密度、海水跃层、海水水色、海水透明度等要素的资料和预报，以及海洋灾害天气、危险天气警报；舰载航空兵需要风、云、能见度、气温、气压、高空风、海浪、海洋潮汐、潮流等要素的实况和预报以及飞行中可能出现的飞机积冰、飞机颠簸和尾迹等情况。

美国国防气象卫星示意图

美国海军"钱斯勒斯维尔"号巡洋舰在大浪中航行

美国海军"考本斯"号巡洋舰在大浪中航行

美国海军"尼米兹"号航空母舰的勤务人员正在清理结冰的飞行甲板

第 7 章　作战和后勤保障指南

7.1.7 | 核生化武器防护

所谓核生化武器，是指核武器、生物武器和化学武器。核生化武器中以化学武器最早被运用，化学武器又称为化学战剂，可分为杀伤性、纵火性和烟幕性三类。人类在数千年前就懂得运用化学战剂，主要是使用非毒性化学战剂，用火攻坚和以烟幕掩蔽军事行动都是经常运用的战斗技巧。但是人类真正发动有计划、有规模的化学战则是在一战期间。毒气在 1914 年就开始运用于战场，随即造成严重的伤亡。由于杀伤效果惊人，交战双方都大量使用化学战剂。一战结束以后，就很少看到毒性化学战剂再度大规模使用，但是一些区域性战争仍可看到动用化学战剂的例子。至于像纵火剂和烟幕剂之类的化学战剂则在二战期间广泛使用，美国在 20 世纪 60 年代的局部战争中也曾使用刺激性战剂和落叶剂等化学战剂。

核生化武器的警示标志

核武器的问世时间相对较晚。尽管在公元前 4 世纪时，希腊哲学家德谟克利特就提出所谓的"原子论"，但是真正有科学论据的发展则是进入 19 世纪以后的事了。物理学家们先后提出更严谨的原子学说、证明原子分裂和质能转换，特别是爱因斯坦所提出的相对论，为核子武器的催生奠定了基础。美国在二战期间秘密研究原子弹，在 1942 年 2 月就已取得重大成就，随即投入大量人力、物力将研究成果实用化，终于在 1945 年 7 月 16 日成功试爆世界上的首枚原子弹。随后，美国使用原子弹轰炸了日本本土。有鉴于核武器的惊人威力，世界主要强国均视之为攸关存亡的战略性武器而竞相发展，于是在很短时间内陆续发展出氢弹、中子弹等核武器。

生物战剂主要是利用一些致命性的病毒、细菌等微生物类和毒素类，例如已知的埃博拉病毒、汉他病毒等,利用这些战剂的高传染性与扩张性实施攻击。使用生物战剂后,目标区内的动、植物与物品都会造成污染,虽然杀伤效果惊人,但由于这些战剂的高传染性与扩张性却会产生难以估计的后遗症,事后的污染清除非常耗费成本。也因此,迄今尚未大规模使用生物战剂。

由于核生化武器的威力巨大,世界各国的航空母舰战斗群都很重视核生化防护能力。航空母舰核生化防护技术是指航空母舰在核生化环境下防护舰员免受核生化伤害,防护船体和武器装备等免受核生化污染,使其仍能保持作战能力的技术,简称"三防"技术。平时航空母舰处于战斗状态时,并没有"三防"功能。当它接到核生化警报,或者直接探测到有毒气体及核辐射的话,马上就会终止当前状态,进入"三防"防护状态,直至所有情况确保达到安全读数和级别后,才由舰长宣布终止"三防"防护状态,重新进入战斗状态。

航空母舰的"三防"具体包括核生化探测、核生化环境下人员防护,以及核生化环境下的船体和武器设备等防护。通过设立统一的部门和设置有效的防护措施,使得航空母舰能够从容应对核生化武器袭击。核生化检测的目的是及时探测到敌方对航空母舰战斗群进行的核生化攻击,进而报警并使航空母舰战斗群立即从平常状态转换到战时"三防"工作状态。探测内容包括核爆炸探测、核辐射探测、生物战剂样品采集与检验、化学毒剂检查与报警等。

核生化环境下的人员防护包括在航空母舰内设立集体防护区和有限集体防护区,主要作用是集体防护有毒气体和核生化污染物,对在露天工作或必须在核生化污染环境下工作的舰员实施个人防护,对已受到核生化伤害的舰员进行救护等。航空母舰一般主船体和上层建筑内设立一定数量的集体防护区。集体防护区配置集体防护系统,能有效防止有毒气体、化学、生物和放射性悬浮微粒进入,保护舰员免受化学毒剂、生物战剂和放射性物质的伤害。舰员在集体防护区内无须穿戴防毒服和防毒面具,能正常地生活和工作。航空母舰上舰员居住的舱室、餐厅、厨房、厕所、活动室、医院、会议室等,以及在核生化环境下需要保持连续作战的重要工作舱室均划入集体防护区,包括集中控制部位、作战情报中心、损害管制中心、消磁控制室、封闭式作战区域、雷达室、武器控制室等。集体防护区一般具备很好的气密性,并可确保人员的舒适性和设备的可用性。

航空母舰集体防护区之间、集体防护区与有限集体防护区之间、集体防护区与非集体防护区之间均设立了隔离通道,以防集体防护区内的空气大量泄漏和外面的受污染空气大量进入集体防护区。而且,集体防护区内的空调通风系统能正常工作,对空气进行降温、降湿或升温、升湿,确保集体防护区内的环境符合舰员舒适生活的要求。

美国海军"卡尔·文森"号航空母舰的勤务人员正在进行消防演练

7.2 后勤保障

7.2.1 经费保障

以航空母舰为核心的航空母舰战斗群具有强大的攻击和防御能力。但由于航空母舰是目前最复杂、最昂贵的舰船,因此经费保障是发展航空母舰战斗群的先决条件之一。

☞ 建造费用

很多人都知道航空母舰被称作"海上霸主",但有人并不知道航空母舰还有"吞金巨兽"这个绰号。二战时期是航空母舰发展的高峰时期,世界各国共有航空母舰约 700 艘。二战结束后,由于经济与科技等方面的原因，世界各国所拥有的航空母舰数量大幅减少。截至 2017 年 4 月，世界上只有 17 艘现役航空母舰，其中美国海军有 10 艘。即便加上正在建造的新一代航空母舰，总数量也不超过 30 艘。为什么航空母舰的数量越来越少？很大程度上是因为航空母舰战斗群的花费太过昂贵，远非一般国家所能承受。

作为老牌资本主义国家，英国是世界上最早建造航空母舰的国家，对航空母舰和航空母舰战斗群的发展起到了关键作用。至二战末期，英国航空母舰数量达到了 26 艘的高峰数值。但是，二战后由于经济实力难以继续支撑数量庞大的航空母舰战斗群，英国通过出售、赠予、退役等方式大幅削减航空母舰数量。1986 年，英国将"竞技神"号航空母舰以 5000 万英镑的价格卖给了印度；2010 年，英国又将"无敌"号航空母舰以 200 万英镑的价格卖给了土耳其一家拆船厂；2011 年，英国国防部通过官方网站打算以 350 万英镑的低价出售造价达 2 亿英镑的"皇家方舟"号航空母舰，同时被低价处理的还有"大刀"级护卫舰，处理价格为 30 万英镑。英国如此贱卖航空母舰及其护航舰艇的最直接原因是国防经费的捉襟见肘。由此可见，没有强大经济实力的支撑，英国这个昔日的航空母舰强国也难以维持一定数量的航空母舰战斗群。

与英国形成鲜明对照的是美国，早期美国的航空母舰发展落后于英国，直到二战期间美国才逐步超越英国，成为世界上拥有航空母舰数量最多的国家。战后美国更是一枝独秀，所拥有的航空母舰数量占全世界总数的一半，而且全部是大型核动力航空母舰。毫无疑问，美国航空母舰战斗群实力强劲，背后的根本原因是美国强大的经济实力提供的有力支撑。

构建航空母舰战斗群这样的海上强大作战力量综合体，既需要国家强大的经济实力支撑，又离不开国家发达的国防科技，两者缺一不可。以冷战时期美国和苏联设计航空母舰为例，美国依靠大功率计算机，能在 1 年半内绘制出"尼米兹"级核动力航空母舰所需的 10 余万张图纸，而苏联没有这些条件，只好发动各设计局的精兵强将，大量运用人工绘制和运算，足足用了比美国多 2 倍的时间才勉强拿出大吨位航空母舰的设计图纸。设计航空母舰需要高科技，制造航空母舰的材料和航空母舰的配套装备同样是高科技。由于航空

第 7 章 作战和后勤保障指南

母舰的船体必须能够承受 9 级以上的风浪，所以对钢材的要求极高。美国航空母舰使用的是 HY-100 特种钢，这种钢材被美国政府视作战略物资，不允许出口。印度启动国产航空母舰计划后，由于本国无法制造航空母舰用钢，只好从俄罗斯高价进口。航空母舰蒸汽弹射器的原理并不复杂，但是蒸汽弹射器所需的承载滑块、导轨、汽缸、活塞及传动装置都需要超级精密的机床加工，目前只有美国掌握了这一技术。除此之外，航空母舰战斗群的舰载机、护航舰艇等莫不是高科技在军事装备方面的集中体现。

对航空母舰战斗群而言，每艘护航舰艇、每架舰载机都造价不菲，更不用说航空母舰自身了。例如，美国海军最后退役的常规动力航空母舰"小鹰"号，1961 年建造的费用达 2.65 亿美元，同样的钱可以建造 10 艘"大比目鱼"级攻击型核潜艇。1975 年服役的"尼米兹"号核动力航空母舰的建造费用为 18.8 亿美元，足以建造 9 艘"加利福尼亚"级核动力巡洋舰。美国海军现在建造的"福特"级航空母舰，预计单艘花费将超过 110 亿美元，可购买 5 艘"阿利·伯克"级驱逐舰的最新改进型。

已退役的美国海军"小鹰"号航空母舰

服役中的美国海军"尼米兹"号航空母舰

建造中的美国"福特"号航空母舰

美国唯一可建造超级航空母舰的造船厂
——纽波特纽斯造船厂

虽然航空母舰战斗群内的其他舰艇或舰载机在单价上远低于航空母舰,但它们的总建造费用同样惊人。目前,美国1支大型航空母舰战斗群通常配备1艘核动力航空母舰、3艘驱逐舰、3艘护卫舰、2艘核潜艇和80架舰载机。1艘10万吨级核动力航空母舰造价为70亿美元左右,1艘"宙斯盾"驱逐舰造价是15亿美元左右,1艘大型护卫舰造价为8亿美元左右,1艘大型核潜艇造价为25亿美元左右,1架舰载机造价为5000万美元左右。粗略计算,美国海军1支大型航空母舰战斗群的总造价达230亿美元。

第 7 章　作战和后勤保障指南

俄罗斯海军新一代航空母舰"施托姆"级的模型

☞ 运行费用

航空母舰战斗群不仅建造费用惊人，服役期间的运行费用同样是天文数字。运行费用主要包括直接单元费用和各种间接费用两类。直接单元费用主要包括人员费用、燃料费用、修理备件、供应品、训练消耗物资、服务性费用等。其中，人员费用主要包括工资、津贴、补助、伙食、医疗、被装、休假、疗养、退役、文体、政工、公杂、培训等费用开支，与舰员日常生活直接相关。燃料费用是指动力装置及设备所耗燃料的费用。修理备件主要用于日常维修保养的备件。供应品主要包括设备、消耗品、舰员消耗物资等。训练消耗物资主要包括弹药及其他消耗物资。服务性费用主要有打印复印、自动数据处理、公共事业设备、通信等费用。各种间接费用是指服役期间所需的其他服务性和非投资性项目的费用，如驻扎基地保障费用、医疗保健费用、后勤工程技术勤务费用、训练设施维护费用等。

世界各国的航空母舰战斗群在运行费用方面差异较大，主要取决于性能参数、设备可靠性和维修性、自动化程度和使用强度四个方面。

性能参数

航空母舰的排水量、动力装置类型等性能参数,对航空母舰战斗群的运行费用有很大影响。排水量大意味着相应的设备多、舰员多、武器装备多、马力大等,因而运行费用也大。以美国航空母舰战斗群为例,"小鹰"号航空母舰的满载排水量为 86 000 吨,舰员编制为 2930 人。"企业"号航空母舰的满载排水量比"小鹰"号航空母舰增加了 7970 吨,舰员编制相应增加了 1870 人。如按 2003 财年经费计算,训练 1 名水兵大约要花费 8.7 万美元,训练 1 名普通军官需要花费 15.9 万美元,按平均每人每年 10 万美元计算,"企业"号航空母舰每年的人员费用要比"小鹰"号航空母舰多出 18 700 万美元。

动力装置类型主要影响运行费中的人员费用。一般而言,核动力装置较常规动力装置的人员费用更高,因为核动力装置需要更多的操作人员。1 艘核动力航空母舰的动力部门需要 749 人,较常规动力航空母舰多出 13 人;核动力操作人员的级别相对较高,动力部门现役人员近 50% 是 E5 以上级别,而常规动力航空母舰动力部门 75% 的人员是 E4 以下级别;并且核动力人员有特殊工资及各种补助等。

美国海军"企业"号航空母舰

第 7 章　作战和后勤保障指南

设备可靠性和维修性

设备可靠性和维修性与航空母舰的运行费用成反比关系：航空母舰战斗群上设备可靠性指标越高，设备故障次数就越少，舰员预防性检修和修复性维修的工作量就越低，维修零配件和备品备件的数量就可适当减少，相应地修理费将下降；维修性指标越高，设备就越便于维护，发生故障时也越易于修理，相应地维护费也将下降。设备可靠性和维修性主要在研制阶段确定，如果研制阶段对可靠性和维修性进行适当投资，航空母舰服役后运行费用可以大大降低。

美国在研发新一代"福特"级航空母舰时，投入了约34亿美元（2008财年）研制先进的电气化设备，像电动弹药升降机、电磁弹射器、先进阻拦装置等，不但提高了航空母舰的作战能力，而且极大地提升了设备的可靠性和维修性，降低了维护需求。例如，电磁弹射器和先进阻拦装置所需的操作和维护人员比蒸汽弹射器和液压阻拦装置少30%以上，人员编制可减少200多人，每年可节约大量人员费用。

"福特"号航空母舰在进行海试

自动化程度

自动化程度与航空母舰战斗群的运行费用成反比关系,即航空母舰战斗群上设备自动化程度越高,人员编制就越少,运行费用中的人员费就大大降低。为了节约人手,美国海军提出了"智能航空母舰"计划,其目的是通过全舰广域网和监控系统、人工智能系统将舰上各种机械系统、电气系统进行集中网络化监控,可以在不同的控制台对同一设备进行监控。采用"智能系统"的"福特"级航空母舰,无论是电磁弹射器、先进阻拦装置、自动化的损害管制系统、自动化的弹药处理系统等新系统,还是与"尼米兹"级航空母舰相同的旧系统,都能较好地融入"智能航空母舰"计划基础上发展起来的综合平台管理系统中,使得新航空母舰可减少舰员500～900人。

使用强度

使用强度与航空母舰战斗群的运行费用成正比关系,即航空母舰战斗群上设备使用强度越大,运行费用就越高。这主要表现在备品备件的维护保养和舰员的保健费用方面。例如,参加1991年海湾战争的美国"尼米兹"号航空母舰的使用强度明显高于其服役初期的使用强度,由此导致1991年该舰的年度运行费为1.022亿美元,比1978年的年度运行费7480万美元高出近2740万美元。自1991年以后,该航空母舰也保持着较高的使用强度,年度运行费维持在1.03亿美元左右,并呈逐年上涨的趋势。

尽管各国航空母舰战斗群在运行费用的金额上并不相同,但也有一些共同的特点。第一,航空母舰战斗群的人员费是运行费用的主要投入点。研究表明,美国"小鹰"级常规动力航空母舰人员费占据运行费用的66.5%,其次是燃料费占17.5%,备品备件和供应品费占13%,训练费占2.3%,其他占0.7%。"尼米兹"级核动力航空母舰的人员费占据运行费用的57%,其次是核燃料保障费占22.4%,训练费占12%,备品备件和供应品费占8%,其他占0.6%。究其原因,一是航空母舰的排水量大,人员编制数量多,且舰员的工资及各种补贴均较高,因此人员耗费巨大;二是航空母舰上舰员的居住性标准要求较高,生活设施和工作设施要不断改善,导致费用增加;三是航空母舰的系统设备比较复杂,高技术应用较多,需

第 7 章　作战和后勤保障指南

要不断对舰员进行培训，因而培训费用也较高。

第二，运行费用每年投入相对平稳。在航空母舰服役前，相关部门会制订一个详细的部署计划，对航空母舰的部署时间、维修和训练时间都有规定。即使在具体执行过程中需要根据实际情况对部署计划进行调整，一般也仅仅是微调，不会从根本上影响部署的稳定性。这种稳定性使得航空母舰战斗群的运行费用投入相对平稳，尤其是保障航空母舰训练和部署的燃料费、备件费、训练费等费用。例如，美国海军"艾森豪威尔"号航空母舰在 1984—1995 年间的平均年度运行费用为 1.02 亿美元，总体变化幅度除 1995 年之外均在 10% 以内。

第三，运行费用投入在总体平稳基础上具有一定的波动性。由于一艘航空母舰的维修周期一般都是跨年度的，因此难免会出现有的年份航空母舰战备时间较长，有的年份战备时间较短，再加上一些突发事件（如局部战争、国际原油价格波动等）的影响，航空母舰战斗群年度运行费的投入呈现出总体平稳基础上的波动性特征。

意大利海军"加富尔"号航空母舰在港口中休整

法国海军"戴高乐"号航空母舰通过苏伊士运河

7.2.2 | 后勤保障的方式

航空母舰战斗群的活动范围极其广泛,可在全球大部分海域执行相关任务,而这种长时间、大范围的海上活动,对后勤保障的要求很高。一支航空母舰战斗群通常由数艘乃至数十艘舰艇组成,其燃油、弹药、弹射器等物资消耗量巨大,通常3~5天进行一次补给。在战时,航空母舰战斗群的补给时间会进一步缩短,具体时间取决于战争剧烈程度以及消耗情况。

> **TIPS:**
>
> 在伊拉克战争中,美英海军在地中海、红海、波斯湾集结了6个航空母舰战斗群,包括"杜鲁门"号、"罗斯福"号、"小鹰"号、"星座"号、"林肯"号和"皇家方舟"号航空母舰,共有约40 000人、400余架各种飞机。在作战状态下,每艘航空母舰每天要消耗400~500吨舰用燃油,平均3~4天就需要伴随保障船补给一次。庞大的油料、弹药、食品等消耗,如果没有快速有效的海上补给是不可能完成的。

以美国海军为例,其海上补给已有近百年的历史,目前已建立了比较完善的海上补给管理机构,主要有海上供应系统司令部、军事海运司令部和海上补给部。海上供应系统司令部组建于1808年,主要任务是负责物资供应和补给,是物资供应和海上补给的管理机构之一。军事海运司令部组建于

第 7 章　作战和后勤保障指南

1949 年，原名为军事运输局，拥有一支强大的海上支援船队，主要负责战略海运任务，为战略行动提供海上运输。海上补给部主要负责海上补给的协调工作，隶属于美国海军作战部，为海军作战部提供海上补给兵力调动。美国海军海上补给自成体系，上下管理体制协调，使作战与后勤保障衔接非常紧密，有利于快速反应和快速补给。

海上供应系统司令部标志　　　　军事海运司令部标志

　　美国海军海上补给采用阶梯式的补给模式。海上补给由海上供应系统司令部、军事海运司令部共同负责。通常做法是航空母舰战斗群出海之前，通过海上供应系统司令部下达补给任务，军事海运司令部的舰船首先在港内装满油，在航空母舰战斗群出发前为航空母舰战斗群和其他舰船补给。部分舰船由海军补给中心负责舰船码头补给。航空母舰战斗群出海后，由海上供应系统司令部派出补给舰船伴随海上编队，采用伴随保障样式进行海上补给。当伴随保障的补给舰船上携带的物资基本补给完后，由海上系统供应司令部和军事海运司令部共同派出支援穿梭船队为伴随的补给舰船实施再补给。海上支援船队所需要的物资由军事海运司令部派出运输支援船队或海外基地进行补充。通常在海上编队中专门设置 1 名海上补给专业军官，负责海上补给的组织工作，使海上补给工作更加系统、科学、安全，形成一个完整的海上保障体系。

　　在对航空母舰战斗群进行海上保障时，主要有海上伴随保障、应召保障、支援保障 3 种方式。其中，海上伴随保障又称为一梯队保障，主要依靠建制的快速战斗支援舰、综合补给舰、油料淡水供应船、舰载直升机、舰载运输机进行，是美国海军海上后勤保障系统的关键环节，在向作战海域开进途中，视航空母舰战斗群的消耗需要随时进行海上补给。

航母战斗群作战指南

为了弥补伴随保障舰船的不足,美国海军一般还派出数艘综合后勤支援舰船对航空母舰战斗群进行二线穿梭应召补给,即二梯队保障。这类船只通常由各单项物资运输补给船、修理船、打捞救护船、拖船、医疗船各单项补给船组成,能在战区海域附近对伴随作战编队的综合补给船实施再补给,对战损和故障舰船实施抢救与修理,对伤员实施收治医疗。

支援保障又称为前进基地物资补充。这类补给舰通常由货船和其他商用船组成,主要任务是往来于美国本土和前进基地之间,为前进基地提供物资补充,使前进基地始终保持足够的物资支援能力。

美国海军"瓜达卢普"号补给舰为"林肯"号航空母舰战斗群补给物资

美国海军"林肯"号航空母舰战斗群正在进行补给

第 7 章　作战和后勤保障指南

美国海军"卡尔·文森"号航空母舰的勤务人员正在检验舰载直升机卸下的物资

7.2.3 | 弹药补给

自古以来，强有力的后勤保障是取得战争胜利的主要因素之一，这在海战中显得尤为重要。现代战争中，武器弹药、燃油等物资的补给是后勤保障中最重要的一环。因为航空母舰战斗群拥有各类舰载机以及对陆、反舰、反潜和防空武器，作战能力十分强大，在海上执行作战任务时，其弹药消耗量往往也非常大，通常 3～5 天进行一次战斗补给，具体补给时间的长短要看战争剧烈程度，以及消耗的情况而定。因此，航空母舰战斗群所需弹药、备件等各种补给品需要综合补给船补给。

以美国海军为例，一般每个航空母舰战斗群配 1 艘综合补给船，在给航空母舰战斗群补给弹药、装备等固体货物时，主要采用两种方法。第一种方法是由直升机直接送上航空母舰，再搬到货物升降机，或由补给飞机直接飞到航空母舰上降落，水兵把飞机推到飞机升降机口，再推进机库完成补给。第二种方法类似液体补给，是通过航空母舰供应补给系统把打包好的弹药一箱箱送上航空母舰。航空母舰供应补给系统是由舰尾的 1 台吊车和舰尾右侧的另 1 台吊车组成，吊车可以水平和竖直转动，可将武器弹药等物资吊装运进舰内或甲板上。

美国海军弹药补给速度较高，在高强度战争条件下，1 艘 50 000 吨级的综合补给船，可使单航空母舰战斗群的作战潜力提高 50%～100%。以"萨拉门托"级快速战斗支援舰为例，该级舰满载排水量 53 000 吨，航速 26 节，可装载弹药 1600 吨，其装载量是 1 艘常规动力航空母舰弹药储备的 80%。

该级舰 15 个补给站中,导弹补给站有 2 个,干货补给站有 4 个,每小时弹药及干货传送量为 120 吨。垂直补给时使用搭载的 2 架 CH-46 直升机,每架 1 小时可补给弹药等固体物品 50 吨。如果补给站全部补给弹药,1 小时可补给 500 吨,效率非常高。在战区内实施伴随补给时,每 2～3 天为航空母舰补给 1 次,每次仅需 2～3 小时;如果 4～5 天补给 1 次,每次补给需要 4～6 小时,整个航空母舰战斗群的补给时间就更长。

美国海军"尼米兹"号航空母舰正在补给弹药

美国海军"提康德罗加"级巡洋舰上"密集阵"系统的弹药

第 7 章　作战和后勤保障指南

"卡尔·文森"号航空母舰的勤务人员正在为 F/A-18 战斗 / 攻击机补充弹药

7.2.4 | 油料供应和补给

航空母舰战斗群在海上执行作战任务时，除弹药量消耗巨大外，油料消耗量也非常大。因此，航空母舰战斗群海上油料补给已成为延伸航空母舰战斗群的作战半径、提升作战能力的一种重要手段和方式。在众多后勤装备保障中，油料保障作为航空母舰战斗群的重要保障工作之一，一直备受关注。经过多年的建设和发展，美国、英国、法国、俄罗斯等国的航空母舰油料保障体制已较为完善。

航母战斗群作战指南

航空母舰战斗群油料保障与一般水面舰艇编队保障基本相同，主要依托地区三军油料统一供应机构满足舰艇的日常用油。航空母舰与其他水面舰艇的油料供应，除种类和数量有所差别外，在体制、方法和方式上基本相同。

美国航空母舰战斗群的油料供应由国防后勤局下属的国防燃油补给中心负责，通常在航空母舰的母港附近多建有大型油库。美国海军大西洋舰队航空母舰母港诺福克海军站对面不远处的克兰尼岛就建有美国东海岸最大的油库。大西洋舰队的航空母舰既可直接靠泊于诺福克海军站对面的克兰尼岛油库进行直接加油，也可通过诺福克海军站的输油管道加油。西海岸的另一个航空母舰母港圣迭戈附近也配有大型油库。当航空母舰需要进行海上油料补给时，军事海运司令部的综合补给船、运油船从国防燃油补给中心接收油料后进行前送。

英国海军的油料保障统一由国防装备与保障部下属的国防油料供应局负责。虽然英国海军设有舰队支援司令部，但在海军油料的供应上，舰队支援司令部只是一个协调机构，并非油料保障实体。英国海军基地内部或基地附近大都设有国防油料供应局所属的油库。英国航空母舰战斗群的海上油料保障，由皇家舰队辅助船队负责输送，皇家舰队辅助船队的油料则从国防油料供应局所属的油库获取。

法国海军早在20世纪70年代就在国防部设立了三军油料总局。三军油料总局直属的地区级机构有地区三军联合油料局，负责在一定区域内实施三军油料保障。法国海军水面舰艇的油料保障均由地区三军联合油料局所属油库供应。

目前，美国和欧洲国家的航空母舰战斗群在海上执行任务时，油料保障通常由伴随保障的综合补给船或承担二梯队保障的油船来负责。这些综合补给船或油船均装备有性能先进、补给效率高的油料补给装备，可以在较短时间内为航空母舰及其他舰艇提供充足的油料保障。在纵向、横向和垂直补给等方式中，航空母舰及其编队的油料补给主要采用横向补给方式。横向补给装置相应地成为美国和欧洲国家海军发展的重点。

第7章 作战和后勤保障指南

以美国海军为例，其在20世纪60年代中期研制了油料快速横向补给装备，即FAST系统。该系统具有补给速度快、安全可靠、自动化程度高、适用海况高等优点，每小时可以补给400～700吨油料，被广泛应用在快速战斗支援舰上。70年代中期，美国海军又研制出液压式张力高架索、轻型盘卷软管和半自动加油探头，大大提高了航空母舰战斗群海上油料补给效率，缩短了补给时间。

航空母舰战斗群对油料需求巨大，品种类型多，主要分为航空燃油、舰用燃油两大类。美国海军现役的核动力航空母舰只携带航空燃油，装载量9000吨。舰载机每架次平均油耗为8～12吨，以1架次/日出动强度计算，1个航空联队每天耗油700～800吨，航空燃油自给力为10～12天。美国及北约海军规定，作战舰艇燃油储量不得低于满载油量的50%，进入作战区域前燃油储量不得低于90%。实际上，在航渡和待机阶段，航空母舰战斗群的各舰燃料不得低于满载油量的70%～80%。因此，在航渡阶段航空母舰战斗群每4～5天需要补给一次。以作战储量须高于50%计，每5～6天必须进行一次航空燃油补给。如以70%计，则每3～4天需要进行一次海上补给。在战区内进行的海上补给更为频繁。根据海湾战争的数据统计，航空母舰战斗群在对地攻击为主的作战行动中，舰载机每架次平均飞行3～3.2小时，需要实施送、迎2次空中加油，每架次油耗比标准高出50%以上。因此，美国海军核动力航空母舰在无补给条件下只能维持12天的作战行动。

在实际海上作战中，航空母舰战斗群通常需要快速战斗支援舰携带航空燃油，一般一支航空母舰战斗群配备1艘快速战斗支援舰。以"萨克拉门托"级快速战斗支援舰为例，该级舰满载排水量53 000吨，航速26节，可装载燃油21 000吨，其装载量是常规动力航空母舰舰用和航空燃油储备的1.33倍，可使单航空母舰战斗群的作战潜力提高50%～100%。

航空母舰战斗群进行燃料补给时，补给舰先与航空母舰平行航行，在补给舰的另一侧还有1艘舰船与补给舰平行航行，主要是为了平衡水流压力，防止两舰相撞。然后补给舰向航空母舰发射钢索（前边有挂钩，发射时像发射捕鲸枪），挂到航空母舰以后由航空母舰水兵拉到专用支架上。收紧钢索，用绞车把输油管道送到航空母舰上,航空母舰水兵把油管连接到航空母舰受油口中锁定。发出信号,补给舰开始泵油。泵油完成,水兵打开油管连接口,补给舰收回油管。放松钢索,水兵放开钢索连接,补给舰通过绞车回收钢索。至此,航空母舰战斗群油料补给完毕。

美国海军"萨克拉门托"级快速战斗支援舰

美国海军"佩科斯"号补给油船为"卡尔·文森"号航空母舰补给油料

美国海军"里根"号航空母舰和"弗林特"号补给舰

第 7 章　作战和后勤保障指南

美国海军"杜鲁门"号航空母舰和"土星"号补给舰

美国海军测试 F-35C 战斗机的空中加油性能

美国海军航空母舰战斗群的 F/A-18"大黄蜂"战斗/攻击机接受空中加油

美国海军"卡尔·文森"号航空母舰的勤务人员正在运送燃料吊舱

7.2.5 生活保障

一支大型航空母舰战斗群的人员有数千人之多,给生活保障带来了很大压力。航空母舰战斗群在海上巡航期间,每艘航空母舰平均 3～4 天就需要伴随保障船补给生活用品 1 次。其中,综合补给船为各舰艇补充淡水和食品,每次传送干货 300 千克,每小时可补给 120 吨。CH-46 直升机主要负责为驱逐舰、巡洋舰、护卫舰等吊运新鲜蔬菜、水果,以及各舰艇之间人员的往来运输。C-2A 运输机主要负责从岸上向航空母舰运送邮件和紧急生活用品等。

美国海军 CH-46 直升机

美国海军 C-2A 运输机

航空母舰战斗群的饮食保障通常由各艘舰上的供应部门负责。以美国海军"小鹰"号航空母舰为例,舰上炊事人员总编制为70人,其中三等兵到一级军士长69人,三级准尉1人。炊事人员一律实行两班工作制,即工作1天休息1天,每天工作14小时。海上供应为一日四餐制,驻港供应为一日三餐制。早餐时间为6:00～7:30,中餐时间为11:00～13:00,晚餐时间为16:30～18:00。舰上的菜谱每21天重复一个周期,中餐和晚餐有两种主菜系列可供舰员选择,其中包括1个淀粉类食品、2个蔬菜、3个色拉和2个甜点。

如果驻港较长(1年以上),舰员一般都居住在陆地,其生活设施(包括饮食保障供应)均由岸基保障服务单位负责。如果驻港时间不长(2～4个月),舰员的生活保障根据驻扎港口的条件由舰长做出决定,可仍在舰上吃住,可到岸基有供应能力的单位搭伙,也可将伙食费发给个人,由个人自行解决。

每艘航空母舰一般配备10～15台大型洗衣机,供舰员洗衣用。航空母舰战斗群还具备一定的医疗救护能力。每艘舰船上均配备了医务室,可对伤病员进行一些常规诊断治疗和简单的手术,重伤病员则由直升机送到医疗船或陆上野战医院治疗。美国海军拥有2艘"仁慈"级医疗船,船上的医疗设施先进而齐全,设有接收分类区、手术区、观察室、病房、放射科、化验室、药房、医务保障等区域,并有血库、牙医室、理疗中心等。舰上总共有病床1000张。船上配备医务人员1207名,其中高级医官9名;此外还有船务人员68名。平时,船上只留少数人员值勤,一旦接到命令,5天内就可完成医疗设备的配置和检修,并装载所需物资和15天的给养,同时配齐各级医护人员。

美国海军"斯坦尼斯"号航空母舰上的炊事人员正在准备食物

第 7 章 作战和后勤保障指南

美国海军"尼米兹"号航空母舰上的炊事人员正在准备食物

美国海军"尼米兹"号航空母舰上的炊事人员正在清洗餐盘

美国海军"卡尔·文森"号航空母舰抵达关岛

航母战斗群作战指南

美国海军"艾森豪威尔"号航空母舰抵达诺福克港

美国海军"仁慈"级医疗船

7.2.6 | 维修保养

　　航空母舰战斗群的维修保养主要分为小修和大修两类。每次小修需要几个月时间，耗资从几百万到几千万美元不等。小修主要针对航空母舰某个小的部位，不涉及高技术领域，可停泊在港口直接进行。例如，对受到海水盐分腐蚀的表层重新涂漆、更换损坏的阀门、锅炉、电缆等。大修（维修和改装）则是一个庞大的工程，所需时间依具体情况而定，少则一年半载，多则好几年，耗资从几千万美元到数亿美元甚至几十亿美元不等。大修一般涉及航空

第 7 章　作战和后勤保障指南

母舰重要部位或者核心技术，如动力系统、电子战、武器发射、通信等领域。由于所涉及的重要部位较多，难度较大，花费的时间也较长，所在军港和所载舰员难以实施，必须去专门的海军造船厂进行。

美国海军的舰船维修思想体现了全寿命、全系统的现代舰艇维修观念。这种观念贯穿了舰艇服役前到舰艇退出现役的全过程。维修管理工作，各级机关、舰艇上的各部门及艇员都有明确分工。美国海军每一艘军舰的服役寿命、服役期间进行的定期维修升级以及日常的维护保养，都是在军舰下水之前就制定好的。美国海军在长期的发展过程中逐步形成一套较为完善的三级维修保障体系，即舰员级、中继级、基地级。

舰员级维修

舰员级维修是由舰艇领导组织全体舰员完成的，为保障舰船设备运行而进行的日常保养性质的修复性和预防性维修工作。舰员级维修在舰上进行，按照"舰船维修与器树管理系统"（3M）中计划维修系统规定的内容、方法和步骤进行，在各舰艇种类、舰艇级别之间差别较大，维修设施和设备的配置也不尽相同。美国海军 3M 系统的实施不仅有一系列规范化的程序，而且管理的手段先进，方法科学。

美国海军"尼米兹"号航空母舰的舰员正在清洁上层建筑的玻璃窗

美国海军"卡尔·文森"号航空母舰的舰员正在检查仪表

中继级维修

中继级维修是由指定的海上或岸基维修机构,为舰船提供直接维修保障的所有维修。中继级机构分为岸基和海上中继级维修机构两个部分。岸基中继级维修手段主要是指美国海军各舰队下属的 10 个岸基中继级维修机构、2 个"三叉戟"潜艇修理机构中的设施、设备。它承担着中、小型舰船或单项装备的大修任务。海上中继级维修手段主要是指修理(供应)舰、浮船坞、航空母舰上飞机中继级维修部等,是跟随作战舰艇在海上进行机动部署的维修手段,任务是负责部署区内舰船的器材供应和维修保障。

> **TIPS:**
>
> 美国国防部设立了每年一次的军队维修保养最高奖——凤凰奖(Phoenix Award),以奖励每年在现场级(包括舰员级和中继级)装备维修保养中先进的团体和单位。此外,还设立了"罗伯特·梅森"奖(Robert Mason Award)奖励在基地级维修工作中表现杰出的单位。

第 7 章 作战和后勤保障指南

美国国防部颁发凤凰奖

基地级维修

基地级维修是由指定的大修机构完成超出舰员级和中继级维修能力的更高的工业维修。在基地级维修方面，美国海军采用的是以海军拥有的国有船厂为主，结合 36 个持有"主要舰船修理协议"和 116 个持有"船艇修理协议"的私营船厂的维修体制。原始建造船厂一般不直接介入海军舰船的维修业务，但要为重要武器系统和装备提供技术保障。3 家支持基地级维修的单位是：缅因州朴次茅斯的朴次茅斯海军造船厂、弗吉尼亚州诺福克的诺福克海军船厂、华盛顿州布雷默顿的普吉特湾海军造船厂。

停满军舰的诺福克海军基地

美军对基地级维修能力进行宏观管理的第一条措施就是要求军方维持基地级维修核心能力。所谓核心能力包括维护、修理由助理国防部长在咨询参联会主席后确定下来的满足国防紧急事务所必需的武器系统和设备的能力。根据美国法典第十部第 2464 条，美军必须维持军队的核心后勤能力，反映在基地级维修工作上就是必须保持基地级维修核心能力。

引入竞争是美军维修领域一个重要的战略目标，美军甚至将该目标作为一条原则写进了装备维修管理指令。在国防部指令 4151.18 中，第五条就明确规定："作为经济而高效地完成军事装备维修的一种手段，应当在国防部基地级维修机构和私营企业之间以及基地级维修机构之间展开'竞争'，并通过竞争使劳动力发展成高度灵活的资源。"美国国防工业的主体是私营企业，国家不是军工企业的所有者。国防部一般不直接干预其经营，主要通过间接的方式进行引导和支持。

> **TIPS:**
>
> 美国海军"艾森豪威尔"号航空母舰所进行的大修，耗时 4 年多，维修工作包括为航空母舰反应堆换燃料，并对 2300 多个舱室进行广泛的现代化改造，涉及包括居住舱、医疗舱和牙医舱、洗衣舱、淋浴舱等在内的所有舱室。航空母舰水线以下的维护和维修工作包括喷涂新涂料等。另外，航空母舰还更换了近 3000 个阀门，其他 600 多个舰艇系统也进行了维修。对飞行甲板、弹射器、作战系统和岛式上层建筑进行了大量升级工作。

美国海军"斯坦尼斯"号航空母舰在干船坞中进行保养

参考文献

[1] 军情视点. 深海桥头堡——航空母舰 [M]. 北京：化学工业出版社，2014.

[2] 赵伊林. 世界航母全解剖 [M]. 北京：电子工业出版社，2016.

[3] 李松. 现代航母战斗群 [M]. 北京：人民邮电出版社，2013.

[4] 西风. 美国航空母舰战斗群 [M]. 北京：中国市场出版社，2011.

[5] 严必虎. 航空母舰战斗群百问 [M]. 北京：海潮出版社，2012.

世界武器鉴赏系列